CONSULTATION

SUR LE

MODE DE PAIEMENT

DU

DROIT D'ACCROISSEMENT

PAR LES

CONGRÉGATIONS RELIGIEUSES

AUTORISÉES

VERSAILLES

IMPRIMERIE HENRY LEBON

9, RUE DU POTAGER, 9

1890

CONSULTATION

SUR LE

MODE DE PAIEMENT

DU

DROIT D'ACCROISSEMENT

PAR LES

CONGRÉGATIONS RELIGIEUSES

AUTORISÉES

VERSAILLES

IMPRIMERIE HENRY LEBON

9, RUE DU POTAGER, 9

—

1890

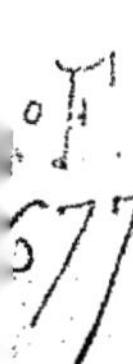

CONSULTATION

Les soussignés :

Consultés par plusieurs Congrégations religieuses autorisées sur la question de savoir si, pour le paiement du droit d'accroissement, auquel la Cour de Cassation, par son arrêt du 27 novembre 1889, les déclare assujetties, lors du décès de chacun de leurs membres, elles ont le droit de procéder par la voie d'une déclaration unique, passée au bureau d'Enregistrement de leur siège social ou maison-mère, ou bien, au contraire, si l'administration de l'Enregistrement peut légalement les obliger à souscrire des déclarations distinctes, et à acquitter divisément l'impôt dans tous les bureaux dans le ressort desquels elles possèdent des biens immeubles ou meubles corporels ;

Sont d'avis que les Congrégations religieuses ont le droit d'acquitter l'impôt, dont elles sont débitrices, au moyen d'une déclaration unique passée au bureau de leur domicile, et qu'aucune disposition légale n'autorise l'administration de l'Enregistrement à en exiger le paiement divisément dans les divers bureaux de la situation de leurs biens meubles et immeubles.

Pour apprécier les raisons qui justifient cette solution, et qui condamnent la prétention contraire de l'administration, il est nécessaire de rappeler les origines et les textes des lois successives qui ont établi l'impôt dit d'*accroissement*, et en ont réglé le mode de perception.

I

L'année 1880 restera fameuse dans notre histoire contemporaine ; c'est elle qui a vu, après la discussion et le rejet de l'article VII par le Sénat, les décrets du 29 mars et les exécutions administratives qui en ont été la suite. C'est aussi à cette même année que remonte le régime fiscal exceptionnel, dirigé contre les Congrégations religieuses et inauguré par les articles 3 et 4 de la loi de finances du 28 décembre 1880.

Quel avait été le prétexte, ou, si l'on veut, le motif allégué pour justifier ces nouvelles dispositions législatives ? C'était, disait le rapporteur général du budget de 1881, le député M. Rouvier, de mettre un terme aux immunités fiscales dont jouissaient les Congrégations, et de consacrer le grand principe de l'égalité de tous devant l'impôt (*Journal officiel* du 24 novembre 1880, page 11428). On verra comment la jurisprudence elle-même a caractérisé un peu plus tard cette législation, présentée comme le retour au droit commun.

La loi du 28 décembre 1880 a deux objets bien distincts. L'art. 3 étend l'impôt sur le revenu, créé par la loi du 29 juin 1872, en modifiant les conditions de son exigibilité, *à toutes les sociétés dans lesquelles les produits ne doivent pas être distribués en tout ou en partie entre leurs membres.* C'est sous cette formule générale que le texte légal, tel qu'il est sorti des délibérations du Sénat, entend comprendre les Congrégations religieuses, dont un dernier scrupule de bienséance législative avait, à cette époque, empêché de prononcer le nom, bien qu'en réalité elles eussent été presque seules visées.

Nous n'avons ici rien de plus à dire de l'impôt sur le revenu et de l'article 3 qui l'a établi ; ils sont étrangers à la question actuelle.

L'article 4 de la même loi a créé un impôt nouveau, le droit d'*accroissement*. Il en détermine à la fois la nature, les conditions d'exigibilité et le mode de perception. C'est le siège de la discussion. Il est indispensable, avant d'aller plus loin, de reproduire le texte de cet article 4.

« Dans toutes les sociétés ou associations civiles qui admettent

« l'adjonction de nouveaux membres, les accroissements opérés par
« suite de clauses de réversion, au profit des membres restants, de la
« part de ceux qui cessent de faire partie de la Société ou association,
« sont assujettis au droit de mutation par décès si l'accroissement se
« réalise par le décès, ou aux droits de donation s'il a lieu de tout autre
« manière, d'après la nature des biens existants au jour de l'accroisse-
« ment, nonobstant toutes cessions antérieures faites entre vifs au
« profit d'un ou de plusieurs membres de la Société ou de l'asso-
« ciation. »

« La liquidation et le paiement de ce droit auront lieu dans la
« forme, dans les délais et sous les peines établis par les lois en vigueur
« pour les transmissions d'immeubles. »

L'article 4 de la loi du 28 décembre 1880, qu'on vient de lire, est
divisé en deux paragraphes.

Le premier établit les bases du nouvel impôt, connu maintenant
sous le nom, devenu usuel, de *droit d'accroissement.*

Le second a trait au mode de perception. C'est sur ce dernier point
que porte exclusivement le litige actuel ; toutefois il serait prématuré
d'entrer dans son examen avant de s'être rendu compte de la nature de
cette nouvelle taxe, telle qu'elle résulte de la loi qui l'a instituée, et
des développements que lui a donnés la loi postérieure du 29 décembre 1884.

II

L'impôt, tel qu'il a été créé par l'article 4 de la loi du 28 décembre
1880, n'atteint pas les Congrégations religieuses autorisées.

En effet, pour qu'il soit exigible, il faut nécessairement qu'il y ait
un accroissement : *l'accroissement* est la condition juridique *sine quâ
non* de l'ouverture du droit auquel il donne son nom. Or, l'accroissement est juridiquement impossible dans une Congrégation religieuse
autorisée.

On nomme accroissement, en cette matière, la dévolution effective
et proportionnelle qui se produit de la part d'un communiste dans le

bien commun au profit des autres communistes dans des cas déterminés. C'est ce qui a lieu, par exemple, dans les tontines ou dans les sociétés, où il est stipulé que la part des associés qui, pour une cause quelconque, cesseront de faire partie de la société avant sa dissolution, sera dévolue aux associés restants. La part de l'associé sortant dans les biens sociaux est alors transmise aux sociétaires survivants. Cette transmission est appelée ACCROISSEMENT, parce que la part des associés restants s'accroît de la part laissée vacante par l'associé sorti de l'association, par décès ou par retraite.

Le droit d'accroissement est la taxe qui frappe cette transmission; c'est un impôt de transmission ou de mutation.

Il faut donc, pour qu'il s'opère un accroissement, que les associés aient sur le fonds commun un droit personnel, qui les appelle au partage des biens en dépendant. Si l'associé ne possède aucun droit sur le fonds commun, il ne peut naturellement en transmettre aucune part, pas plus aux autres membres de l'association qu'à ses héritiers ou à des tiers. Cette condition indispensable dérive de l'essence même des choses; elle ne se rencontre pas et ne peut pas se rencontrer dans les Congrégations religieuses autorisées.

L'administration de l'Enregistrement avait été la première à le reconnaître. « Il suit de là, disait-elle, après avoir exposé ces principes, « dans son Instruction du 20 juin 1881, n° 2651, pour l'exécution de « la loi du 28 décembre 1880, que les associations dans lesquelles ce « droit personnel n'existe pas, ne peuvent donner ouverture à l'accrois « sement, PUISQUE CET ACCROISSEMENT N'A PAS D'OBJET. Tel est le cas, « notamment, des Congrégations religieuses reconnues. Bien que les « Congrégations participent de la nature des Sociétés, les membres « qui les composent ne possèdent, sur les valeurs appartenant à la « Congrégation, aucun droit personnel leur conférant, pendant l'exis « tence de l'association, une action ou une part d'intérêt, et les appe « lant au partage, lors de sa dissolution. Le membre qui cesse de faire « partie de l'association ne transmet donc rien à ceux qui restent. « L'accroissement ne s'opère pas. »

En effet, les biens d'une Congrégation autorisée n'appartiennent pas indivisément aux Congréganistes; ceux-ci n'ont sur l'actif social aucun droit personnel, ni dans le présent, ni dans l'avenir. La Congrégation constitue un être moral indépendant, investi de la personnalité civile, capable d'acquérir, avec l'agrément préalable du Gouvernement; seule elle est propriétaire de ses biens. Le patrimoine de cet être moral ne subit donc aucune mutation par le décès ou la retraite des individus qui composent l'association. Au cas même où la Congrégation viendrait à disparaître, ceux-ci n'en auraient pas plus de droits sur son patrimoine devenu vacant (Loi du 24 mai 1825, art. 7). C'est la loi elle-même qui en dispose, soit en le restituant aux donateurs, soit en l'attribuant à d'autres établissements ecclésiastiques ou charitables.

III

Par la nature de leur constitution légale, les biens des Congrégations religieuses, de même que ceux de tous les établissements publics, appartenant à un propriétaire qui ne meurt pas, échappent aux mutations qui atteignent périodiquement les biens des simples particuliers, et aux droits d'enregistrement, qui en sont la suite. Mais le législateur, dont la vigilance en faveur des intérêts du fisc n'est jamais en défaut, a su porter remède au préjudice, que cette immobilité naturelle et nécessaire du patrimoine des corps moraux pourrait causer au Trésor public. Les lois des 20 février 1849 et 30 mars 1872 ont frappé leurs biens d'une taxe spéciale, dite taxe de main-morte, destinée à représenter et à remplacer les droits de mutation. Cette taxe a été largement calculée, puisqu'elle s'élève aujourd'hui, avec les décimes, à 84 p. 100 de la contribution foncière, c'est-à-dire que les Congrégations reconnues acquittent 184 francs d'impôt foncier pour un immeuble qui ne payerait que 100 francs, s'il appartenait à un particulier.

La situation des Congrégations religieuses non autorisées est tout à fait différente.

Aux yeux de la loi, ces Congrégations, comme telles, n'existent pas; comme telles, elles ne constituent pas un être moral, et ne sont pas investies de la personnalité civile; comme telles, elles ne possèdent pas et ne sont pas propriétaires.

Mais les membres qui les composent jouissent de leur pleine capacité juridique; ils peuvent former entre eux tous les contrats, et notamment des sociétés capables d'acquérir et de posséder. Ces sociétés qui, d'ailleurs, sont régies par le droit commun, contiennent habituellement la clause réciproque de réversion qui, lors du décès de l'un des associés, attribue aux survivants la part de co-propriété appartenant au défunt dans l'actif social, et la clause d'adjonction qui permet, à toute époque, d'introduire dans la société de nouveaux membres, qui deviennent co-propriétaires du fonds commun. Ces stipulations, qui n'ont rien d'illicite, se proposent un but qui n'a lui-même rien de contraire à l'ordre public : c'est d'assurer la perpétuité de l'association et du patrimoine qui lui sert de base.

C'est contre les biens ainsi constitués à l'état de main-morte occulte, telle est du moins l'expression souvent employée par opposition à la main-morte légale des congrégations autorisées, que la loi du 28 décembre 1880, dans son article 4, a été principalement dirigée.

Ce n'est pas à dire qu'avant cette époque les sociétés de cette espèce échappassent à toute perception fiscale. La clause de réversion produit un *véritable accroissement;* elle engendre une mutation, qui n'a rien de fictif, de la part des membres décédés au bénéfice des membres survivants, puisqu'ils sont personnellement propriétaires; et cette mutation, comme toutes les autres, donne naissance, au profit du Trésor, à un droit proportionnel. La jurisprudence, par une analyse exacte et profonde du caractère de ces conventions, avait reconnu que, quand des valeurs sont mises en commun avec la stipulation que la portion des prémourants accroîtra aux survivants sans indemnité, cette clause aléatoire, établie pour tous les communistes, constitue, pour chacun d'eux, relativement aux autres, un contrat commutatif, passible, à l'événement, du droit de mutation à titre onéreux, lequel pouvait être suivant la diversité juridique des cas, soit celui de cession mobilière ou immobilière à titre onéreux, soit celui de cession d'actions ou parts sociales. (Cass., 19 mai 1868, S., 1868, I, 345, et les nombreux arrêts cités en note; Ch. réun., 29 décembre 1868, S. 1869, I, 133; Cass., 24 novembre 1869, S., 1870, I, 85; 27 juillet 1870, S., 1870, I, 401, etc.

En 1880, ce droit a été jugé insuffisant; la loi nouvelle lui a substitué celui de donation ou de mutation par décès, en même temps que, par dérogation au droit commun, elle a assimilé, pour la perception de l'impôt, les meubles aux immeubles, et frappé d'une présomption de nullité les cessions antérieures, faites entre vifs entre les membres de la société.

Telle est, d'une façon générale et sommaire, la portée de la loi du 28 décembre 1880. Nous nous bornons à l'exposer; nous n'avons à émettre aucune appréciation. Son dessein a été, en frappant d'un droit très élevé l'accroissement, d'ailleurs réel, qui s'opère par l'effet des clauses de réversion, d'établir sur la main-morte occulte un équivalent de la taxe, qui pèse sur la main-morte légale pour remplacer les droits de mutation ordinaires.

IV

La loi du 28 décembre 1880 a été promptement modifiée et aggravée par la loi subséquente du 29 décembre 1884. Dans quelles circonstances et pour quel motif?

Le rendement du nouvel impôt, a dit l'administration des Finances, avait donné lieu à de sérieux mécomptes; il était resté très inférieur aux résultats qu'on en attendait. La raison la plus simple, et sans doute la plus vraie, c'est que les calculs auxquels on s'était fié, étaient établis sur des données peu exactes. L'estimation administrative de la valeur des biens appartenant aux congrégations, comme toutes les estimations de ce genre, comporte plus d'une réserve. On oublie trop souvent, d'ailleurs, que ce patrimoine, pour l'évaluation duquel on entasse si facilement les millions, doit pourvoir à l'entretien d'un nombreux personnel, et subvient à des œuvres innombrables de bienfaisance, qui entraînent des charges onéreuses, auxquelles les congrégations ne pourraient suffire, si leurs ressources propres n'étaient le plus souvent, et dans les plus larges proportions, complétées par les offrandes volontaires de la charité privée.

Quoi qu'il en soit, ce ne fut pas à cette explication que s'arrêta le fisc. On accusa les congrégations d'avoir cherché, par des moyens au moins suspects, à échapper à l'impôt, et pour assurer une application productive de la loi fiscale, une nouvelle disposition fut insérée, sous l'art. 9, dans la loi de finances du 29 décembre 1884. En voici le texte :

« Les impôts établis par les art. 3 et 4 de la loi de finances du « 28 décembre 1880 seront payés par toutes les congrégations, commu- « nautés et associations religieuses, autorisées ou non autorisées, et « par toutes les sociétés ou associations désignées dans cette loi, dont « l'objet n'est pas de distribuer leurs produits, en tout ou en partie, « entre leurs membres ».

« Le revenu est déterminé à raison de cinq pour cent (5 0/0), de la « valeur brute des biens meubles et immeubles possédés ou occupés « par les sociétés, à moins qu'un revenu supérieur ne soit constaté, et « la taxe est acquittée sur la remise d'une déclaration détaillée faisant « connaître distinctement la consistance et la valeur de ces biens ».

« Ces sociétés seront assujetties aux vérifications autorisées par « l'art. 7 de la loi du 20 juin 1875 ».

« Sont maintenues toutes les dispositions de la loi du 28 dé- « cembre 1880 qui n'ont rien de contraire à la présente loi ».

L'article 9, on le voit, se réfère tout à la fois à l'impôt sur le re- venu et au droit d'accroissement. Nous laissons de côté tout ce qui concerne la première de ces taxes ; nous avons seulement à rechercher quelle est la portée qui a été donnée à la loi nouvelle à l'égard du droit d'accroissement.

L'administration de l'Enregistrement a soutenu que l'article 9 avait pour effet d'assujettir les Congrégations religieuses reconnues, elles- mêmes, au droit d'accroissement, bien qu'il ne s'opère en réalité et ne puisse s'opérer aucun accroissement entre leurs membres. Ses préten- tions se sont formulées pour la première fois dans l'instruction du 3 juin 1885, n° 2712, rendue pour l'exécution de la loi du 29 décembre 1884. On lit dans ce document :

« En disposant que les impôts établis par les articles 3 et 4 de la « loi du 28 décembre 1880 seraient payés par toutes les congrégations, « communautés et associations religieuses, autorisées ou non autori- « sées, le législateur a soumis au droit, sans conditions, tous les accrois- « sements qui s'opèrent dans les sociétés religieuses, par suite du « décès ou de la retraite d'un associé. L'exigibilité du droit d'accroisse-

« ment est donc désormais indépendante de l'existence des clauses
« d'adjonction et de réversion. Le droit de mutation à *titre gratuit* EST
« ACQUIS AU TRÉSOR PAR CELA SEUL QU'UN MEMBRE DE L'ASSOCIATION CESSE D'EN
« FAIRE PARTIE, qu'il s'agisse de son décès ou de sa retraite volontaire ou
« forcée. Il en est de ce droit comme de l'impôt sur le revenu. Il atteint
« toutes les Congrégations sans exception, celles qui sont autorisées
« comme celles qui ne le sont pas, celles qui ont emprunté la forme
« des sociétés ordinaires comme celles qui ne se sont pas constituées
« en société. Sous ce rapport, la loi nouvelle a une portée plus étendue
« que la loi de 1880, qui laissait en dehors de son action les Congréga-
« tions religieuses reconnues. »

Une telle interprétation, qui fait produire à la loi nouvelle des
conséquences si exorbitantes et si étranges, a rencontré et devait rencontrer en effet une résistance unanime. Les motifs qui ont inspiré le
législateur de 1884, tels qu'ils résultent des déclarations portées à la
tribune, les principes du droit, les termes mêmes de l'article 9, tout
concourt à démontrer que cette interprétation excessive n'est pas légitime, et que, pas plus sous l'empire de cet article 9 que sous le régime
de la loi du 28 décembre 1880, l'impôt d'accroissement n'atteint pas et
ne saurait atteindre les Congrégations religieuses reconnues, le décès
ou la retraite d'un congréganiste n'y opérant et n'y pouvant opérer
aucun accroissement.

V

Pourquoi une loi nouvelle a-t-elle été jugée nécessaire ? La Régie
en a exposé les raisons apparentes ou réelles dans un passage de son
Instruction du 20 juin 1885, qui reproduit et qui résume en même temps
le langage tenu devant les Chambres par les auteurs et les défenseurs
de cette proposition : « Pour éviter l'application de la loi, dit l'adminis-
« tration dans cette circulaire, un grand nombre de Congrégations reli-
« gieuses ont supprimé de leurs statuts l'une des clauses requises pour
« la perception de l'impôt de mutation ou toutes les deux, tout en s'as-

« surant, au moyen de diverses combinaisons, les avantages que ces
« clauses étaient destinées à réaliser. »

Si une telle discussion était ici à sa place, il serait facile de répondre
qu'une société a toujours le droit de modifier ses statuts. D'ailleurs, ni
à la tribune, ni dans les écrits de la Régie où ces assertions ont été souvent répétées, jamais on n'a pu indiquer avec plus de précision, ni en
quoi consistaient ces combinaisons si amèrement reprochées aux Congrégations, ni ce qu'elles avaient d'illicite, ni surtout comment on
pouvait à la fois supprimer les clauses de réversion et d'adjonction *tout
en en conservant les avantages.*

Il nous suffit de faire remarquer qu'aucun des motifs allégués par
l'administration ne peut s'adresser aux Congrégations reconnues, pour
deux raisons également sans réplique :

D'abord elles n'avaient nul besoin de recourir à ces combinaisons,
qu'on incrimine vaguement sans les définir, puisque, de l'aveu de la
Régie, elles n'étaient pas atteintes par la loi du 28 décembre 1880. En
second lieu, elles ne peuvent pas modifier leurs statuts sans une autorisation du gouvernement, et de 1880 à 1884 aucune autorisation de ce
genre n'a été accordée à aucune d'elles, et n'a pu même être demandée,
une pareille autorisation allant absolument à l'encontre de la nature
essentielle de ces établissements.

Les principes du droit civil et du droit fiscal ne repoussent pas
moins énergiquement l'extension aux Congrégations religieuses reconnues du droit d'accroissement, auquel elles échappent par la nature de
leur constitution juridique.

Le droit d'accroissement est un impôt de transmission ; or le
membre, qui cesse de faire partie d'une Congrégation reconnue, ne
transmet rien aux membres restants, puisqu'il ne possédait rien personnellement. Le droit d'accroissement est un impôt de mutation ; il
ne peut y avoir place à un impôt de mutation, là où il n'y pas de mutation. Le droit d'accroissement implique nécessairement qu'il s'opère un
accroissement ; l'accroissement réalisé est le fait juridique générateur
de la perception ; or, entre les membres des Congrégations reconnues
il ne s'opère et il ne peut s'opérer aucun accroissement, ni en fait, ni
en droit. En faisant dériver l'exigibilité de l'impôt du seul fait de
l'existence des Congrégations religieuses, indépendamment de tout

accroissement réel, le système de la Régie vient donc se heurter à cette règle fondamentale que le droit de mutation n'est point imposé aux personnes, mais aux faits de transmission ou de mutation.

Les principes qui servent de base à l'établissement du droit proportionnel ont été proclamés avec autorité par les auteurs de la loi du 22 Frimaire an VII. On ne lira pas sans intérêt l'extrait suivant du rapport présenté au Conseil des Cinq-Cents :

« La Commission, disait Duchatel, s'est attachée à ce principe que « tout ce qui n'*oblige*, ne *libère*, ni ne *transmet*, ne peut donner lieu au « droit proportionnel. Ainsi la fiscalité aura perdu l'usage de deux « grands mots à l'aide desquels elle soumettait au droit proportionnel « des actes qui n'étaient pas de nature à y être assujettis... Il convient « à des législateurs éclairés et sages de faire cesser ces applications « qui ne seraient que ridicules, si elles n'étaient pas onéreuses, injustes « et propres à donner à la loi qui les tolère ou les ordonne, un carac- « tère qui ne doit être celui d'aucune des vôtres. Une loi n'en mérite « vraiment le titre que lorsqu'elle est fondée sur la justice et la raison. « Cette vérité, que je proclame ici avec confiance, est rigoureusement « appliquée aux lois qui établissent les contributions. » (Dalloz, Répert. alphabét. v° Enregistrement.)

Aujourd'hui cependant la Régie impute au légisteur de 1884 d'avoir, en opposition avec tous les précédents et les principes les plus certains de la science fiscale, introduit un droit proportionnel assis sur un fait qui ne produit et ne peut produire aucune transmission. Est-ce là le sens naturel et nécessaire de la disposition de l'article 9? Pour admettre que le législateur, faisant violence à la nature des choses, ait voulu en effet atteindre des mutations qui n'existent pas, en créant une fiction légale monstrueuse en contradiction absolue avec la vérité juridique, tout au moins faudrait-il que sa volonté se fût exprimée en termes assez clairs pour ne laisser aucune place à l'équivoque. Loin qu'une telle conséquence ressorte de son texte, l'article 9, sainement entendu, conduit à une conclusion toute contraire.

L'article 9, en effet, n'a pas créé un impôt nouveau; il se réfère à celui qui a été *établi* par l'article 4 de la loi du 28 décembre 1880, sans en changer la nature essentielle. Quel est donc l'*impôt établi par l'art. 4?*

4

Cet article 4, § 1er, exactement analysé, comprend trois dispositions. Il détermine d'abord les contribuables qui devront supporter la nouvelle taxe : ce sont *toutes les sociétés ou associations civiles qui admettent l'adjonction de nouveaux membres.*

Il vise ensuite le fait juridique qui, seul, peut donner ouverture au droit : ce sont *les accroissements opérés par suite de clauses de réversion, au profit des membres restants, de la part de ceux qui cessent de faire partie de la société ou association.*

Enfin, il fixe la quotité du droit.

L'impôt établi par l'article 4 consiste donc essentiellement dans le droit qui frappe *l'accroissement opéré par suite d'une clause de réversion,* ou, pour être plus bref, l'accroissement pur et simple, car il ne peut pas y avoir d'accroissement sans une clause de réversion expresse ou tacite.

Sur quel point l'article 9 a-t-il élargi et modifié l'article 4? Ce n'est pas sur le caractère essentiel de l'impôt : son texte l'implique formellement. « L'impôt *établi par l'article 4,* dit-il, sera payé, etc... » Or, l'impôt établi par l'article 4, c'est le droit qui atteint tout accroissement opéré par suite d'une clause de réversion, en d'autres termes le *droit d'accroissement;* donc, après comme avant l'article 9, pour le paiement du droit d'accroissement, il faut un accroissement.

Mais, d'après l'article 4, cet impôt n'était dû que par les sociétés ou associations civiles qui admettent l'adjonction de nouveaux membres; d'où la Régie avait conclu avec raison qu'une seconde condition, outre la clause de réversion, était nécessaire pour l'exigibilité de la taxe, à savoir : la clause d'adjonction de nouveaux membres.

C'est ici qu'intervient l'innovation introduite par l'article 9. A la définition des contribuables désignés par l'article 4, c'est-à-dire aux sociétés ou associations civiles admettant l'adjonction de nouveaux membres, l'article 9 en a substitué une nouvelle : l'impôt, dit-il, sera payé *par toutes les congrégations, communautés et associations religieuses autorisées ou non autorisées.*

L'article 9 n'a donc rien changé à la constitution fondamentale de l'impôt, pas plus qu'à la quotité du droit; il a seulement modifié la définition des sociétés sujettes à la taxe. Ce ne sont plus seulement les sociétés qui admettent l'existence de nouveaux membres. Désormais, toutes les Congrégations religieuses y sont soumises.

Que résulte-t-il de là? Sous l'empire de la loi de 1880, l'existence de la clause de réversion ne suffisait pas seule pour rendre la taxe applicable ; il fallait encore, pour qu'une société y fût assujettie, fût-ce une Congrégation religieuse, qu'elle renfermât la clause d'adjonction de nouveaux membres.

Depuis 1884, les Congrégations religieuses, reconnues ou non reconnues, à raison de leur qualité seule, et sans qu'il soit besoin que leurs statuts contiennent cette clause d'adjonction, payeront l'impôt. Mais quel impôt? Celui *qui est établi par l'article 4.* Or, cet impôt, nous l'avons vu, est celui qui atteint *les accroissements opérés par suite de clauses de réversion,* c'est-à-dire le droit d'accroissement qui implique nécessairement un accroissement réalisé.

Par conséquent, l'article 9 a bien effacé, à l'égard des Congrégations religieuses, l'une des conditions d'exigibilité de la taxe, telles qu'elles étaient déterminées par l'article 4, celle de la clause d'adjonction de nouveaux membres. Mais il faut toujours, même pour les Congrégations religieuses, qu'il s'opère effectivement une réversion, parce que l'impôt établi par l'article 4, auquel l'article 9 s'est référé, sans en créer un nouveau, est essentiellement attaché à l'existence d'un accroissement.

En d'autres termes, l'article 4 de la loi du 28 décembre disait :

Dans toutes les sociétés ou associations civiles qui admettent l'adjonction de nouveaux membres, les accroissements opérés par suite de clauses de réversion, etc..., sont assujettis au droit de..... etc...

Depuis l'article 9 de la loi du 29 décembre 1884, il faut lire :

Dans toutes les congrégations, communautés et associations religieuses autorisées ou non autorisées, les accroissements opérés par suite de clauses de réversion...., sont assujettis au droit de... etc...

L'innovation de l'article 9 n'a pas une autre portée. Après comme avant 1884, il n'y a pas et il ne peut pas y avoir de droit d'accroissement quand il n'y a pas d'accroissement (1).

(1) Nous ne pouvons ici qu'esquisser sommairement les éléments d'une discussion qui n'entre qu'incidemment dans l'objet propre du présent mémoire. Nous nous bornons à ajouter aux arguments qui précèdent une considération tirée des travaux

VI

C'est cependant le système contraire que l'administration de l'Enregistrement a eu l'heureuse fortune de faire jusqu'ici prévaloir devant les tribunaux.

Une contrainte avait été décernée dans ce sens contre l'Institut des Frères des Écoles chrétiennes ; elle a été validée sur opposition par un jugement du tribunal de la Seine, en date du 18 mars 1887.

Ce n'est pas que les magistrats aient méconnu ce que la signification attribuée par la Régie à la loi de 1884 présente d'exorbitant et d'anti-juridique. Le Tribunal de la Seine est le premier à déclarer qu'il ne saurait y avoir entre les membres d'une Congrégation autorisée et la Congrégation « d'accroissements de parts susceptibles de servir de base à un droit de mutation ; » il constate la contrariété inconciliable de la loi civile et de la loi fiscale ; mais il considère que le juge a le devoir de s'en tenir à la lettre rigoureuse de la loi, et il ressort à ses yeux des termes généraux et absolus de l'article 9 qu'il a voulu, « au regard du « fisc, assimiler la mainmorte légale des Congrégations reconnues à la « mainmorte occulte des Congrégations non reconnues, bien que le

préparatoires de la loi du 29 décembre 1884. Le rapporteur, M. Jules Roche, a déclaré expressément à la tribune, que le but de la loi nouvelle était uniquement de revenir au projet voté par la Chambre des députés en 1880, en y inscrivant ce que le législateur de 1880 avait inscrit dans la sienne au premier abord, et en appelant les Congrégations par leur nom, au lieu de remplacer le mot propre par des définitions, comme l'avait fait plus tard le Sénat en amendant le texte devenu l'article 1 de la loi du 28 décembre 1880. (*Journal officiel* du 21 décembre 1884, page 2093.) Or, si on se reporte au texte voté par la Chambre des députés en 1880, et que nous citons plus bas (*infrà*, page 38), il apparaît clairement qu'il n'assujettit au droit, dans toutes les *Congrégations religieuses sans exception*, c'est-à-dire dans les Congrégations reconnues ou non reconnues, que *les accroissements opérés par suite de clauses de réversion*. Le projet primitif de 1880 exigeait donc, dans tous les cas, comme condition nécessaire de l'exigibilité de la taxe, l'existence d'un accroissement réel. Le Sénat y avait ajouté une seconde condition d'un caractère accessoire et qui ne tenait pas à la nature intime de l'impôt : celle de la clause de réversion. La loi de 1884 qui n'est, son auteur le déclare, qu'un retour au projet de 1880, a effacé cette seconde condition pour les Congrégations religieuses ; mais elle a laissé subsister la condition essentielle de l'existence d'un accroissement opéré par suite de clauses de réversion.

« régime de la première ne comporte aucune mutation de parts so-
« ciales, et quelque difficile que puisse être la conciliation juridique de
« la charge qui en résulte pour elles avec la législation protectrice de
« leur patrimoine. » Il était impossible, tout en adoptant le système de
la Régie, d'en accuser plus nettement les contradictions et les vices.

Le pourvoi dirigé contre ce jugement avait été admis par la
Chambre des requêtes de la Cour de Cassation ; il a été, le 27 novembre
1889, rejeté par la Chambre civile. Un seul motif a été donné par la
Cour à l'appui de sa décision. « En matière d'impôts, a-t-elle dit, c'est,
« avant tout, dans le texte de la loi qui les établit, qu'il faut chercher
« quelle a été l'intention du législateur ; et les dispositions, dans les-
« quelles il l'a manifestement exprimée, doivent recevoir l'application
« stricte et littérale que leur teneur commande. Or, aux yeux de la
« Cour, le texte de l'article 9 est aussi formel qu'il est clair. Il ordonne
« que les impôts établis par les articles 3 et 4 de la loi du 28 décembre
« 1880 seront payés par toutes les Congrégations, communautés et
« associations religieuses, autorisées ou non autorisées. » La Cour en
tire cette conséquence que le droit d'accroissement est dû par toutes
les Congrégations, communautés et associations religieuses, à raison
de ce seul fait qu'elles sont des Congrégations, communautés et associations religieuses autorisées ou non autorisées, *sans aucune autre condition d'exigibilité que cette seule qualité.*

VI

Tel est dans ce grave débat l'état actuel de la jurisprudence. Doit-
elle être tenue pour définitive ? Nous ne saurions le croire, et nous
voulons espérer le contraire. Cette jurisprudence ne résulte encore que
d'un arrêt isolé, dont les motifs, se bornant à une affirmation dénuée de
tout argument à l'appui, impliquent une évidente pétition de principe ; et nous formons le vœu que cette importante question puisse
être déférée à l'examen des Chambres réunies de la Cour. Quoiqu'il en
puisse être, nous ne nous proposons pas ici de discuter la doctrine de

la Chambre civile et de démontrer l'erreur manifeste sur laquelle elle repose ; ce n'est pas là le point sur lequel nous sommes appelés à émettre un avis.

Les congrégations religieuses, par lesquelles nous sommes consultés, s'inclinent devant l'arrêt de la Cour ; elles se déclarent prêtes à acquitter l'impôt auquel la Cour les déclare assujetties, mais elles demandent si elles ont légalement la faculté de le payer au bureau de leur domicile, au moyen d'une déclaration unique de la totalité de leur patrimoine sur lequel sera calculée la valeur imposable soumise au droit proportionnel, ou si au contraire l'administration est autorisée par la loi à exiger le paiement par division, en autant de bureaux différents qu'elles possèdent de biens meubles ou immeubles séparés.

C'est cette seconde question qui fait l'objet spécial de ce mémoire ; le long exposé qui précède était cependant indispensable. Avant de rechercher comment l'impôt doit être perçu, il fallait établir en quoi il consiste, par qui il est dû et quelle est sa véritable nature.

Nous pouvons maintenant le définir. La loi de 1884, telle que l'a appliquée la jurisprudence, a assis un droit de mutation sur un fait qui juridiquement n'en produit aucune. Ce droit est dû par les congrégations religieuses autorisées, à raison du seul fait de leur existence et de leur qualité. La condition matérielle de l'exigibilité de l'impôt, c'est uniquement le décès ou la retraite de l'un des membres de la Congrégation. Toutes les fois que cette condition se réalisera, la Congrégation doit acquitter le droit de mutation par décès ou de donation, établi par la loi de 1880, sur la part qui est, pour la perception de cette taxe, réputée appartenir au membre défunt ou sortant dans le patrimoine de l'association, bien qu'en réalité il n'en possède aucune, qu'il ne transmette rien aux membres restants qui eux-mêmes ne reçoivent rien, et qu'il ne s'opère aucune mutation dans ce patrimoine, qui continue, après comme avant, à être la propriété exclusive de l'être moral formé par la Congrégation.

Tel est l'impôt nouveau. Sans nous demander avec un recueil non suspect, le *Journal de l'Enregistrement*, s'il n'y a pas là *une anomalie au moins bizarre*, sans rechercher désormais si cette création fiscale, jusqu'ici sans précédents, doit être attribuée au législateur lui-même ou à une interprétation erronée de la jurisprudence, nous acceptons le point de départ pour les besoins de la discussion, et nous posons ainsi la question du litige actuel : Comment cet impôt sera-t-il perçu?

La réponse paraît facile. Lors du décès d'un congréganiste, on calculera la part qui lui appartient fictivement dans le patrimoine social, en divisant la valeur de cet actif par le nombre des membres survivants augmenté d'une unité. La part fictive du défunt, ainsi déterminée, constitue la valeur imposable sur laquelle la Congrégation paiera le droit au taux de 9 0/0, augmenté de deux décimes et demi, soit 11,25 0/0, tel qu'il a été fixé par la loi du 28 décembre 1880.

VII

Ce n'est pas ainsi que l'entend l'administration de l'Enregistrement. Elle prétend, dans le cas où c'est le décès d'un congréganiste qui aura donné ouverture au droit, imposer aux Congrégations un mode de perception qui aurait pour conséquence d'élever le droit réellement perçu bien au-dessus du taux légal, et de le majorer dans des proportions véritablement monstrueuses.

Ici, nous revenons encore à la loi du 28 décembre 1880, dont nous avons plus haut cité le texte. On a vu que l'article 4 de cette loi se divise en deux paragraphes, dont le premier détermine la quotité du droit, tandis que le second a trait à la forme et aux délais de la liquidation et du paiement.

La Régie a interprété cet article ainsi qu'il suit : « Après avoir « attribué d'une manière générale à tous les accroissements dont il « s'occupe le caractère d'une mutation à titre gratuit, l'article 4 de la « loi du 28 décembre 1880 a divisé ces mutations en deux catégories « distinctes, suivant la nature de l'événement qui donne lieu à la réver- « sion : les mutations qui se réalisent par le décès de l'associé, et les « mutations à titre gratuit qui s'opèrent entre vifs, avant ce décès, par « la retraite, l'exclusion ou tout autre événement faisant sortir l'associé « de la société. » (Instruction de la Régie du 20 juin 1881, n° 2651, § 58.)

Il y a donc lieu pour la perception du droit, poursuit le même document, de distinguer entre les deux cas. Aux accroissements par décès, on appliquera les lois en vigueur pour les successions ; aux accroissements entre vifs, les lois en vigueur pour les transmissions d'immeubles.

Dans le cas d'accroissement par décès, de même qu'en matière de succession, le droit proportionnel sera perçu sur une déclaration, qui doit être souscrite dans un délai de six mois, au bureau d'enregistrement de la situation des biens pour les immeubles et les meubles corporels, et au bureau du domicile du défunt pour les autres valeurs, et qui fera connaitre, dans la forme réglée par les articles 24 et 27 de la loi du 22 frimaire an VII, tous les biens de l'association et la part indivise réputée appartenir au défunt dans ces biens. C'est ce que nous appellerons, pour abréger, le système de la déclaration multiple.

Au contraire, pour les accroissements entre vifs, de même que pour les transmissions d'immeubles qui ne sont pas constatées par un acte notarié, la même déclaration doit être passée dans un délai de trois mois. (Loi du 27 ventôse an IX, art. 4) Mais elle peut être faite dans n'importe quel bureau, au choix du redevable (Loi du 22 frimaire an VII, art. 26), quelle que soit la situation des biens, objet de la déclaration, de telle sorte qu'une seule déclaration, souscrite au bureau d'enregistrement du siège social, pourra comprendre la totalité des biens composant le patrimoine social. Ce second système, nous le nommerons, par opposition au premier, celui de la déclaration unique.

Cette interprétation est-elle exacte ? Le système de la déclaration multiple est il légalement obligatoire pour les accroissements par décès ?

La Régie l'avait dit dans son instruction précitée du 20 juin 1881, rendue pour l'exécution de la loi du 28 décembre 1880. Elle a maintenu cette décision, après la loi du 29 décembre 1884, par son instruction du 3 juin 1885, et depuis l'arrêt du 27 novembre 1889, par celle du 26 avril 1890. En conséquence, lorsqu'un membre d'une Congrégation vient à mourir, elle refuse de recevoir la déclaration et le paiement de l'impôt offert, au bureau d'enregistrement du domicile de la Congrégation, pour tous les biens qui ne sont pas situés dans le ressort de ce bureau.

Nous pensons, au contraire, et nous allons démontrer que le refus de la Régie de recevoir la déclaration et le paiement de l'impôt dans ces conditions n'est pas justifié, et que la distinction, introduite par elle entre deux cas qui donnent lieu à la perception du même impôt, non seulement n'est pas prescrite, mais qu'elle est même proscrite par le texte de la loi.

Ce n'est pas une simple question de formalités plus ou moins compliquées à remplir ; ici la forme emporte le fond.

VIII

Que se produirait-il, en effet, dans le système de la Régie ?

Un membre d'une Congrégation religieuse reconnue vient à mourir. Il faudra faire autant de déclarations que la Congrégation possède de biens immeubles ou meubles corporels, situés dans le ressort de bureaux d'enregistrement différents. Le droit sera liquidé et perçu dans chaque bureau distinct sur la part réputée appartenir au défunt dans les biens, objet de la déclaration particulière passée dans ce bureau, quelque minime que puisse être cette part, qui constitue la valeur imposable.

Il arrivera, pour un grand nombre de Congrégations, notamment pour les Congrégations enseignantes, que cette quote-part pourra être d'une valeur infime et descendre à quelques centimes. Supposons, par exemple, une Congrégation qui compte plusieurs centaines ou même plusieurs milliers de membres ; elle dirige, sur les points les plus divers de la France et dans le ressort de bureaux différents, de nombreuses écoles, dans chacune desquelles elle ne possède qu'un modeste mobilier scolaire, qui vaut à peine quelques centaines de francs.

En vertu de l'étonnante fiction fiscale consacrée par la jurisprudence, chacun des congréganistes est réputé propriétaire d'une part indivise dans chacun de ces mobiliers ; cette quote-part se réduira par conséquent à une somme de quelques francs ou même de quelques centimes. Chacun de ces mobiliers devant être déclaré séparément, c'est sur cette quote-part insignifiante que sera calculé et perçu le droit proportionnel,

Mais le droit à percevoir descendra-t-il dans la même proportion que la valeur imposable, de manière à rester proportionnel à cette valeur, comme son nom l'indique et comme il le faudrait pour que le taux fixé par la loi ne fût pas dépassé?

Il n'en sera rien, et nous allons voir que le mode de perception, inventé par la Régie, conduit à des résultats qui ne sont pas moins extraordinaires que l'impôt qu'elle est parvenue à faire introduire sur la base chimérique d'un accroissement imaginaire.

IX

On sait qu'aux termes de l'article 2 de la loi du 27 Ventôse an IX, la perception du droit proportionnel doit suivre les sommes et valeurs de 20 francs en 20 francs, inclusivement et sans fraction; c'est-à-dire que la valeur imposable, sur laquelle le droit proportionnel est calculé et perçu, ne peut pas descendre au-dessous du minimum légal de 20 francs. La loi considère comme complète toute série commencée de 20 francs; elle a pensé qu'admettre toutes les fractions, si minimes qu'elles fussent, ce serait compliquer sans mesure les détails de la comptabilité.

Cette règle, en soi, est rigoureuse; cependant il est juste de reconnaître que, dans les cas pour lesquels elle a été faite, elle n'entraîne pour le contribuable qu'une surcharge légère. En définitive, il n'y a là qu'un mode de supputation des fractions d'un capital supérieur.

Ici, grâce au système de perception qu'elle prétend imposer, l'Administration détourne cette règle de son but; et, en l'appliquant à un impôt qui n'était jamais entré dans les prévisions du législateur de l'an IX, elle transforme ce qui n'est qu'un simple règlement de fractions en une majoration inouïe de l'impôt, qui absorbera, et bien au-delà, la valeur imposable toute entière.

D'une part, en effet, le minimum de la valeur imposable étant de 20 francs, d'après l'article 2 de la loi du 27 Ventôse an IX; et, d'autre part, le droit d'accroissement étant tarifé par l'article 4 de la loi du 28 décembre 1880, au taux de 9 0/0, soit de 11.25 0/0 avec les décimes additionnels, le minimum du droit proportionnel perçu dans chaque bureau sera toujours de 2 fr. 25 c., quelque minime que soit la quote-part réputée appartenir au défunt dans les biens déclarés à ce bureau, et lors même que cette quote-part, qui constitue la valeur imposable, descendrait à quelques francs ou à quelques centimes.

On conçoit, dès lors, à quels étranges résultats conduit le système de la Régie.

Un recueil spécial, le *Journal de l'Enregistrement*, malgré ses tendances généralement favorables au fisc, s'en est montré effrayé. Il suppose que l'Institut des Frères des Écoles chrétiennes, contre lequel a été rendu l'arrêt du 27 novembre 1889, compte approximativement 10,000 membres et possède, dans le ressort de 2,000 bureaux différents, des mobiliers scolaires, dont la valeur moyenne ne dépasse pas 1,000 francs. La mutation fictive produite par chaque décès aurait ainsi pour objet une valeur imposable de *10 centimes*. Cette valeur imposable de *10 centimes*, par application du mode de liquidation prescrit par l'article 2 de la loi du 27 Ventôse an IX, se trouvera assujettie, à raison de 9 0/0 sur 20 francs, à un droit de *1 fr. 80 c.* en principal, et de *2 fr. 25 c.* avec les décimes !

« Cette perception, continue le même journal, répétée dans « 2,000 bureaux pour lesquels, nous le supposons, la valeur imposable ne dépassera pas $\frac{1.000}{10.000}$, donnera un produit de 4,500 francs « pour une valeur de 200 francs. Acceptons l'hypothèse assez vraisemblable d'un décès par jour, et l'administration arrivera à percevoir « chaque année, dans ses 2,000 bureaux, $4,500 \times 365 = 1,642,500$ fr. « pour une valeur de (200×365) 73,000 francs. » Ce serait là, ajoutet-il, une véritable confiscation ! (*Journal de l'Enregistrement et des Domaines*, n° de janvier 1890, art. 23309.)

X

Mais nous ne voulons pas faire appel à des calculs hypothétiques. Prenons des faits et des chiffres réels ; ils montrent que les appréciations du *Journal de l'Enregistrement* n'ont rien d'exagéré, et que le mot de confiscation n'est pas trop fort pour caractériser une semblable application de l'impôt.

Voici un exemple emprunté à la Congrégation des Sœurs de Saint-Paul, qui a sa maison-mère à Chartres. Fondée en 1696, cette Congrégation a été autorisée par décret impérial du 23 juin 1811 ; à la fois hospitalière et enseignante, elle dirige de nombreuses écoles, des salles d'asile ; elle dessert en même temps plus de cinquante hôpitaux, hospices ou bureaux de bienfaisance. Elle compte un personnel de 1,400 religieuses en moyenne, et possède un patrimoine d'une valeur totale, immeubles, meubles incorporels et corporels, de 1,230,438 fr. 70 c., grevé d'ailleurs de nombreuses charges charitables et scolaires.

La part fictive, réputée appartenir à chaque religieuse, est de :

$$\frac{1.230.438 \text{ fr. } 70 \text{ c.}}{1\,400} = 878 \text{ fr. } 88 \text{ c.}$$

C'est là la valeur qui doit servir de base à la perception du droit d'accroissement, quel que soit l'évènement qui y donne lieu.

Qu'une religieuse sorte ou soit exclue de la Congrégation, d'après la Règle elle-même, une déclaration unique pourra être faite au bureau du siège social : alors le droit sera liquidé ainsi qu'il suit :

Valeur déclarée, quote-part réputée appartenir à la religieuse sortie. . . . . 878 fr. 88

laquelle, par application de l'article 2 de la loi du 27 Ventôse an IX, doit être portée à. . . . . 880 »

Droit à 9 0/0. 79 20

Décimes. 19 80

Timbre de la quittance . . . . » 25

Timbre de l'état du mobilier. . . . . » 60

Total que la Congrégation aura à payer, accessoires compris. . . . . 99 fr. 85

Au contraire, qu'une religieuse vienne à décéder, sa part fictive, constituant la valeur imposable, est la même ; le droit, auquel l'accroissement est assujetti, est tarifé par la loi au même taux.

Voici, cependant, le résultat auquel amènerait la déclaration multiple, imaginée par la Régie.

La Communauté possède des immeubles ou des meubles corporels dans 64 communes, ressortissant à 39 bureaux d'enregistrement.

1° Maison-Mère, à Chartres :

Immeubles : 224,000 francs, dont $\frac{1}{1.400}$ . . . . 160 fr. »

Meubles : 270,976 fr. 20 c., dont $\frac{1}{1.400}$ 193   55

Liquidation du droit :

9 0/0 sur les immeubles : 160 francs. 14   40

9 0/0 sur les meubles : 193 fr. 55 c., portés, suivant
l'art. 2 de la loi du 27 ventôse an IX, à 200 francs 18   »

Ensemble. 32 fr. 40
Décimes. 8   10
Timbre de la quittance . . . . »   25

Ensemble. 40 fr. 75
Timbre de l'état du mobilier. . . . . »   60

Total. . . . . 41 fr. 35

2° Maison succursale à Paris :

Immeubles : 220,000 francs, dont $\frac{1}{1.400}$ . . . . 157 fr. »

Meubles : 18,085 francs, dont $\frac{1}{1.400}$ 13   »

Liquidation du droit :

9 0/0 sur les immeubles : (157 francs portés, Loi du
27 Ventôse, art. 2, à) 160 francs. . . . . 14 fr. 40

9 0/0 sur les meubles : (13 francs portés, Loi du
27 Ventôse, art. 2, à) 20 francs 11   80

Ensemble.	16 fr. 20
Décimes	4 05
Timbre de la quittance	» 25
Ensemble.	20 fr. 50
Timbre de l'état du mobilier.	» 60
Total.	21 fr. 10

La Communauté possède, en outre, 55 écoles, dont plusieurs sont situées dans des immeubles lui appartenant.

La valeur de ces derniers immeubles, situés dans le ressort de 23 bureaux différents, s'élève ensemble à une somme de. .   378.750 fr.

La valeur du mobilier, renfermé dans les 55 écoles, situées tant dans le ressort de la majeure partie des 23 bureaux ci-dessus que dans celui de 14 autres, s'élève à la somme de. . . . . .   118.627 fr. 50

La part afférente à chaque religieuse dans la valeur des biens groupés dans chaque canton, varie, savoir :

Pour les immeubles :

De 0,70 c. à 1 fr., dans 3 bureaux ;
De 2 fr. à 5 fr., dans 4 bureaux ;
De 5 fr. à 8 fr., dans 5 bureaux ;
De 10 fr. à 12 fr., dans 3 bureaux ;
De 15 fr. à 20 fr., dans 5 bureaux ;
Et de 20 fr. à 35 fr., dans 3 bureaux.

Soit un minimum, pour le calcul du droit, suivant la règle de l'article 2 de la loi de ventôse, de 20 fr. dans 20 bureaux, et de 40 fr. dans 3 bureaux.

Et pour les meubles :

De 0,30 c. à 2 fr., dans 24 bureaux ;
De 2 fr. à 5 fr., dans 7 bureaux ;
De 5 fr. à 7 fr., dans 4 bureaux ;
Et de 14 fr. pour 1 bureau.

Soit un minimum de 20 francs dans les 36 bureaux.

On devrait donc payer, sur le minimum de 20 francs, 56 fois, et sur celui de 40 francs dans 3 bureaux ; ce qui donnerait les résultats suivants :

9 0/0 sur 20 francs.	1 fr. 80
Décimes	» 45
Ensemble.	2 fr. 25
A payer 56 fois (2,25 × 56)	126 fr. »
9 0/0 sur 40 francs	3 fr. 60
Décimes	» 90
Ensemble.	4 fr. 50
A payer 3 fois (4,50 × 3)	13 fr. 50

Il faut y ajouter le timbre de 37 états du mobilier, à 0,60 centimes chacun (0,60 × 37) . . . . 22 fr. 20

Total.	126 fr.	»
	13	50
	22	20
	161 fr.	70

Récapitulation des droits à payer au décès d'une religieuse :

A Chartres, Maison-Mère	41 fr.	35
A Paris, succursale.	21	10
Dans les autres bureaux.	161	70
Total pour un seul décès.	224 fr.	15

Et nous ne tenons pas compte des frais accessoires qui peuvent s'y joindre, tels que le timbre des pouvoirs !

Ainsi, voilà deux cas identiques qui, d'après la loi du 28 décembre 1880, donnent naissance au même droit, tarifé au même taux, sur la même valeur imposable.

Dans ces deux cas, cette valeur imposable est de 878 fr. 88 c. Dans le premier, la Congrégation aura à payer 99 fr. 85 c., soit sur le pied de 11,25 0/0; dans le second, elle devrait payer 224 fr. 15 c., soit sur le pied de 24,48 0,0!

Signalons, en passant, une conséquence qui se produira souvent, et qui n'est pas la moins criante. La Congrégation de Saint-Paul possède, dans les cantons ruraux, beaucoup de mobiliers scolaires de très peu de valeur. L'un d'eux, à Bonneval, est estimé 429 fr. 30 c.; et il en est un grand nombre dont l'importance est à peu près aussi chétive. Le droit dû à chaque décès sur ce mobilier serait, sur un minimum de 20 francs, de 2 fr. 25 c. Après 200 décès, la Congrégation aura payé 450 francs, plus que ne vaut le mobilier tout entier; avec une moyenne annuelle de 28 décès, ce résultat sera atteint au bout de sept années, et il n'en faudrait pas moins continuer à payer l'impôt sur ce mobilier, dont le fisc aurait dévoré la valeur toute entière.

XI

Citons encore un autre exemple; ce sera le dernier. Il est encore plus significatif, il nous est fourni par la Congrégation enseignante et hospitalière de Notre-Dame, autorisée par décret du 5 janvier 1853, dont la Maison-Mère est à Briouze, département de l'Orne.

Cette Congrégation compte, en moyenne, 464 religieuses, et possède un patrimoine ainsi composé :

Immeubles . . . . 77.600 fr.
Meubles et valeurs mobilières 92.400

Total . . . . 170.000 fr.

La quote-part, réputée appartenir à chaque religieuse et constituant la valeur imposable, toujours la même, quel que soit l'évènement, décès ou sortie d'une Congréganiste, qui donne ouverture à l'accroissement fictif, est de . . . . $\frac{170.000}{454} = 374$ fr. 45

Une religieuse sort de la Congrégation. L'impôt, la Régie l'admet, peut être acquitté au moyen d'une déclaration unique, passée au bureau

de la Maison-Mère, et comprenant l'universalité de la fortune sociale.
Il sera alors liquidé ainsi qu'il suit :

Valeur déclarée, quote-part réputée appartenir à la religieuse
sortie. . . . .   374 fr. 45
laquelle, par application de l'article 2 de la loi du 27 Ven-
tôse an IX, doit être portée à.   380   »
   Droit à 9 0/0.   34   20
   Décimes   8   55
   Timbre de la quittance . . . .   »   25
   Timbre de l'état du mobilier. . . . .   »   60

Total que la Congrégation aura à payer, accessoires
compris . . . .   43 fr. 60

Une religieuse meurt. Avec le système de la déclaration multiple,
que la Régie prétend rendre obligatoire, la liquidation, pour une valeur
imposable identique, donne les résultats que voici :

Maison-Mère :

Immeubles : 68,000 francs, dont $\frac{1}{454}$ . . . .   149 fr. 77
Meubles : 58,000 francs, dont $\frac{1}{454}$ 127   75

Liquidation du droit :

9 0/0 sur les immeubles : 149 fr. 77 c., portés (suivant
l'article 2 de la loi du 27 Ventôse an IX) à 160 francs . . .   14 fr. 40
9 0/0 sur les meubles : 127 fr. 75 c. portés suivant
l'article 2 précité) à 140 francs.   12   60

      Ensemble. . . . .   27 fr.   »
Décimes.   6   75
Timbre de la quittance . . . .   »   25

      Ensemble. . . . .   34 fr.   »
Timbre de l'état du mobilier. . . . .   »   60

      Total. . . . .   34 fr. 60

En dehors de la Maison-Mère, la Congrégation de Notre-Dame de Briouze possède des immeubles où elle tient 3 écoles, et qui sont situés dans le ressort de 3 bureaux différents.

Elle dirige, en outre, 191 autres écoles, où elle ne possède qu'un mobilier, et qui sont disséminées dans le ressort de 72 bureaux.

La valeur des immeubles est de. . . . . 11,600 fr.

La valeur du mobilier, renfermé dans les 194 écoles. est de. . . . . 32,400 fr.

La part afférente à chaque religieuse, dans la valeur des biens groupés dans chaque canton, varie de 0,25 c. à 2 fr. dans 72 buréaux, et de 4 fr. 50 c. à 10 fr. dans les 3 bureaux où il y a des immeubles.

On devrait donc, dans chacun de ces bureaux, payer le droit sur un minimum de 20 francs, conformément au tableau ci-dessous :

Bureaux (au nombre de 3) où il y a des meubles et des immeubles :

Droit à 9 0/0 sur immeubles : 20 francs	1 fr. 80
Droit à 9 0/0 sur meubles : 20 francs	1 80
Ensemble.	3 fr. 60
Décimes	» 90
Ensemble.	4 fr. 50
Timbre de l'état du mobilier.	» 60
Total dans chaque bureau. . . .	5 fr. 10

Bureaux (au nombre de 72) où il n'y a que des meubles :

Droit à 9 0/0 sur meubles : 20 francs.	1 fr. 80
Décimes	» 45
Ensemble.	2 fr. 25
Timbre de l'état du mobilier.	» 60
Total dans chaque bureau. . . .	2 fr. 85

Récapitulation :

Bureau de la Maison-Mère.	34 fr. 60
3 Bureaux à 5 fr. 10 c. (× 3).	15 30
72 Bureaux à 2 fr. 85 c. (× 72).	205 20
Total pour chaque décès. . . .	255 fr. 10

Ici encore, nous négligeons les frais accessoires, pouvoir, etc....

Ainsi, pour la communauté de Notre-Dame de Briouze, de même que pour la Congrégation de Saint-Paul de Chartres, voici deux cas identiques, qui donnent ouverture au même droit proportionnel, tarifé par la loi au même taux, assis sur la même valeur imposable de 374 fr. 45 c. Dans l'un, la Congrégation aura à payer 43 fr. 60 c. sur le pied de 11,25 0/0, et dans l'autre, 255 fr. 10 c. sur le pied de 71,86 0/0 !

XII

Les détails dans lesquels nous venons d'entrer ont pu paraître bien minutieux et bien arides; ils étaient cependant nécessaires. Les chiffres ont une éloquence que rien ne peut suppléer. Il est impossible, à coup sûr, de rêver un régime fiscal plus incohérent et plus étrange, en opposition plus manifeste avec toutes les données du bon sens et de l'équité.

Non seulement un tel système établit une inégalité choquante entre les deux espèces d'accroissements, que la loi a cependant assujettis à la même taxe; non seulement il aboutit à une perception du droit à un taux très supérieur à celui qu'elle a seul autorisé; mais encore, d'une Congrégation à l'autre, il brise l'uniformité de l'impôt dans des conditions injustifiables. Nous venons de montrer une Congrégation qui payerait le droit au taux de 25 0/0, tandis que pour un autre il s'élèverait jusqu'à 71 0/0! Nous aurions pu multiplier ces exemples; pour toutes les communautés, on arrive à des résultats différents les uns des autres, tous pareillement exorbitants. Que devient donc ce grand principe de l'égalité devant l'impôt, auquel le rapporteur de la loi du 28 décembre 1880 faisait appel pour justifier la nouvelle taxe?

Serait-il vrai qu'un mode de perception, qui aboutit à ces conséquences véritablement absurdes, résulte, comme l'allègue l'administration de l'Enregistrement, d'une prescription impérative de la loi, dont il ne lui est pas possible de modifier l'application?

Nous le contestons formellement, pour l'honneur même du législateur. Celui-ci n'a jamais prévu ni voulu rien de semblable. C'est bien assez déjà qu'il ait établi, comme l'a jugé la Cour de Cassation, un droit de mutation sur une mutation fictive, et taxé un accroissement qui ne s'opère pas et ne peut pas s'opérer. Ce serait lui faire injure que de lui imputer gratuitement l'intention de prélever, au moyen d'une seconde fiction ajoutée à la première, ce droit de mutation fictive sur des valeurs qui n'existent pas.

C'est l'Administration seule qui, introduisant dans la loi une distinction qui ne s'y trouve pas, prétend administrativement imposer, pour la perception du même droit, deux modes différents, dont l'un conduit à des résultats légalement inadmissibles.

La vérité est que la faculté pour les Congrégations d'acquitter leur dette envers le Trésor, au moyen d'une déclaration unique, au lieu de leur domicile social, est de droit commun, et qu'une disposition expresse de la loi fiscale aurait seule pu la leur enlever. Non seulement cette disposition n'existe pas, mais le texte même de la loi du 28 décembre 1880 condamne la prétention contraire de la Régie.

C'est ce que nous allons démontrer.

XIII

Tout d'abord, nous invoquons les raisons d'équité qui sautent à tous les yeux, à la vue des chiffres que nous avons exposés ci-dessus. Vainement on objecterait qu'en matière d'enregistrement, l'équité et la justice n'ont pas le droit d'élever la voix ; la Régie n'a que trop souvent l'occasion de nous l'apprendre. Mais ici les motifs d'équité ont toute la valeur et toute la force d'un argument purement juridique.

Les lois de 1880 et de 1884, c'est du moins l'interprétation de la jurisprudence, ont soumis tous les accroissements, réels ou fictifs, opérés par décès ou entre-vifs, à un droit unique. L'article 4 § 2 de la loi du 28 décembre 1880 ne parle en effet que de la liquidation et du paiement d'un seul droit.

Ce droit est tarifé à un taux uniforme, car si le paragraphe premier du même article énonce le droit de mutation par décès et celui de donation, le tarif est le même dans les deux cas.

Le fisc ne peut rien percevoir au-delà du droit proportionnel que la loi a établi.

Par conséquent, si la Régie prétend imposer un mode de déclaration et de liquidation qui ait pour résultat de faire payer au redevable plus que le droit proportionnel légalement établi sur la valeur imposable, la Régie demande au contribuable ce que celui-ci ne doit pas.

Il suit de là que ce mode de déclaration et de liquidation est contraire, non seulement à l'intention présumée, mais à la volonté exprimée du législateur.

En soumettant les Congrégations religieuses à cet impôt exceptionnel, le législateur en a fixé la quotité. Cette quotité ne peut pas être dépassée. Le taux de l'impôt est uniformément, principal et décimes compris, de 11,25 0/0. Or le taux, suivant lequel le droit, dans le système de la Régie, serait effectivement perçu, serait le plus souvent très supérieur. De plus il serait variable.

Donc cette perception n'est pas légale, et le mode qui y conduit, ne l'est pas davantage.

En outre, comme à côté du mode de déclaration réclamé par la Régie, les lois en vigueur pour les transmissions d'immeubles, auxquelles renvoie le paragraphe 2 de l'article 4, en déterminent un autre, celui de la déclaration unique, qui, seul permet de percevoir l'impôt nouvellement créé sans dépasser le taux arrêté par le législateur, il est évident que c'est à ce second mode que le législateur s'est exclusivement référé. Autrement, il se serait mis en contradiction avec lui-même, en chiffrant le droit à un taux fixe, et en prescrivant néanmoins, obligatoirement, un mode de perception, qui devait nécessairement l'élever à un taux, tout à la fois très supérieur et capricieusement inégal.

XIV

Ici nous prévoyons une objection. On peut nous dire :

La distinction, que nous reprochons à la Régie d'introduire entre les accroissements par décès et les accroissements entre-vifs, quant au mode de perception, elle est écrite tout au long dans le paragraphe 1er de l'article 4. C'est ce paragraphe lui-même qui assujettit distinctement au droit de *mutation par décès l'accroissement qui se réalise par le décès* ou *aux droits de donation, celui qui a lieu de toute autre manière.* La différence des deux espèces d'accroissement y est donc nettement accusée.

Le second paragraphe du même article, qui a trait à la liquidation et au paiement, ne reproduit pas, il est vrai, cette distinction d'une façon expresse; il se borne à renvoyer aux lois en vigueur pour les transmissions d'immeubles. Mais ces mots : *transmissions d'immeubles,* présentent, dans la langue du droit civil et du droit fiscal, un sens générique. Ils s'appliquent tout aussi bien aux mutations par décès qu'aux mutations entre-vifs. En employant cette expression, le législateur a donc maintenu implicitement, dans le paragraphe second relatif à la liquidation et au paiement du droit, la distinction consacrée expressément, dans le paragraphe premier, entre les accroissements par décès et les accroissements entre-vifs.

Cette argumentation, la seule sur laquelle la Régie ait appuyé et puisse en effet appuyer la solution adoptée dans les instructions de la Direction générale, ne saurait prévaloir. Elle se fonde uniquement sur le texte du paragraphe premier de l'article 4, mais en lui donnant une interprétation qu'il ne comporte pas, et en l'étendant abusivement à un objet entièrement étranger à ses prévisions, et exclusivement réglé par le paragraphe second du même article.

XV

L'article 4 de la loi du 28 décembre 1880 a dû subir nécessairement l'influence de l'article 9 de la loi du 20 décembre 1884, qui a si gravement modifié la portée primitive de l'impôt et les conditions de son exigibilité.

Le paragraphe premier de l'article 4 ne visait à l'origine que des accroissements qui s'opéraient *réellement* au bénéfice des membres survivants de toute société réunissant simultanément les deux clauses de réversion et d'adjonction. Dès lors, suivant que la réversion se réalisait à la suite de la mort ou de la retraite d'un associé, la mutation qui se produisait et qui était la source unique du droit, avait bien, en apparence du moins, le caractère d'une mutation par décès ou entre-vifs ; et la distinction posée par la loi, si tant est qu'elle se continuât du paragraphe premier jusque dans le paragraphe second, pouvait présenter une sorte de fondement.

Remarquez cependant qu'il n'y avait là seulement qu'*une apparence*. Le décès ou la sortie d'un associé ne sont jamais que la condition à l'événement de laquelle l'accroissement est subordonné ; mais la cause vraie de la mutation réside, dans tous les cas et uniquement, dans la convention réciproque de réversion stipulée entre les associés. C'est pour ce motif que la jurisprudence antérieure à 1880 avait reconnu que, même dans le cas où le décès d'un sociétaire est la condition de la réalisation de l'accroissement au profit des survivants, il y a là u   mutation entre-vifs et à titre onéreux, et lui appliquait le tarif fiscal en conséquence.

Aujourd'hui, cette apparence même, à laquelle le législateur de 1880 avait semblé s'attacher dans le paragraphe premier de l'article 4, n'existe plus, du moins à l'égard des Congrégations religieuses reconnues. Ce n'est pas une mutation quelconque, ni à cause de mort, ni entre-vifs, qui engendre le droit ; on reconnaît qu'il ne s'en opère aucune, d'aucune espèce. Le fait de la mort ou de la retraite d'un congréganiste n'exerce aucune influence sur le caractère de la transmission, puisque cette transmission n'existe pas et ne peut pas exister. Ce n'est plus que l'occasion ou la condition matérielle de l'impôt auquel on a voulu soumettre personnellement les Congrégations reconnues sur des bases absolument fictives.

Par conséquent, la distinction, qui se trouvait dans le paragraphe premier de l'article 4, n'a plus d'objet, ni pour ainsi dire de matière, même apparente, à laquelle elle puisse s'appliquer. Elle a disparu par une suite nécessaire des modifications que la loi de 1884 a fait subir à la taxe dans son assiette et dans la catégorie des contribuables auxquels elle s'adresse ; et si les mots : *droit de mutation par décès et droit de donation*, se lisent encore dans le texte légal, ils n'y ont plus d'autre portée et ne peuvent plus recevoir d'autre application que d'indiquer le tarif fiscal, suivant lequel doit être calculé le droit proportionnel nouvellement institué.

XVI

Ce n'est pas tout : le paragraphe premier, dont nous venons de rétablir le véritable sens, doit être absolument écarté de la discussion actuelle. Il ne s'agit ici que d'une question de perception, à laquelle il est totalement étranger.

L'article 4, en effet, comprend deux objets bien distincts, entre lesquels il n'existe aucun lien de dépendance nécessaire, et il y pourvoit par deux dispositions entièrement séparées.

Le premier est l'établissement de l'impôt et la fixation de sa quotité : telle est la matière spéciale, sur laquelle statue le paragraphe premier.

Le second est relatif à la forme et aux délais de la liquidation et du paiement de la taxe ; c'est le paragraphe second qui les détermine.

La question que nous discutons en ce moment, a trait exclusivement à la forme de la liquidation et du paiement, et pas à autre chose. C'est donc uniquement dans le paragraphe second qu'il faut en chercher la solution, puisque c'est là seulement que le législateur a exprimé sa volonté sur le point qui nous occupe, sans qu'il soit permis d'aller la demander, par une interprétation conjecturale, à un autre texte dont le but a été tout différent. La Cour de Cassation nous rappelle cette règle dans son arrêt du 27 novembre 1880 : « En matière d'impôts, c'est « avant tout dans le texte même de la loi qui les établit, qu'il faut cher- « cher quelle a été l'intention du législateur; et les dispositions, dans « lesquelles il l'a manifestement exprimée, doivent recevoir l'applica- « tion stricte et littérale que leur teneur commande. »

Si le paragraphe second de l'article 4 constitue seul la disposition dans laquelle le législateur a manifestement exprimé son intention, relativement à la forme de la liquidation et du paiement, recherchons quelle est l'application stricte et littérale que commande sa teneur.

On nous permettra, pour la clarté de la discussion, d'en repro- duire encore une fois les termes : « La liquidation et le paiement de ce

« droit auront lieu *dans la forme, dans les délais et sous les peines établis*
« *par les lois en vigueur pour les transmissions d'immeubles.* »

Que résulte-t-il de la lecture de ce texte?

Tout d'abord, il n'y a pas là deux droits : le droit de mutation par
décès et celui de donation. Il n'y en a qu'un seul. *La liquidation et le
paiement de ce droit,* dit la loi...

En second lieu, de même qu'il n'y a qu'un droit, il n'y a, aussi, qu'une
seule forme de liquidation : celle qui est établie pour les transmissions
d'immeubles.

Donc cette forme unique doit être suivie dans tous les cas; et en
prétendant appliquer tantôt la déclaration unique, tantôt la déclaration
multiple, la Régie introduit une distinction, là où la loi n'en a établi
aucune, quant à la perception, et elle crée une dualité de droits, là où
la loi n'en a mis qu'un seul.

Mais, objecte l'instruction administrative du 20 juin 1885, il y a
deux espèces de transmissions d'immeubles : les transmissions à cause
de mort et les transmissions entre-vifs, et il y a deux modes de perception différents pour les unes et pour les autres. Elle en conclut que
la loi, par ce mot unique, se réfère à la fois à ces deux modes, suivant
la diversité des cas, et selon qu'il s'agira d'un accroissement par décès
ou d'un accroissement entre-vifs.

Raisonner ainsi, c'est se méprendre absolument sur le sens, nettement défini, que ces mots : *pour les transmissions d'immeubles,* com-
portent dans le paragraphe second de l'article que nous discutons. Un
coup d'œil rapide sur l'origine et les transformations successives du
texte qui est devenu l'article 4, ne peut laisser aucun doute sur ce
point.

XVII

La loi du 28 décembre 1880 est due à l'initiative d'un député,
M. Henri Brisson. Son projet, présenté sous la forme d'un amendement à la loi de finances, et remanié par la Commission du budget
de concert avec le Gouvernement, comprenait cinq articles d'une portée

infiniment plus étendue et plus rigoureuse encore que la loi définitive. Il contenait notamment une disposition dont voici le texte, tel qu'il fut voté par la Chambre des Députés, après une orageuse discussion, dans la séance du 9 décembre 1880 :

« Les accroissements opérés par suite de clauses de réversion dans « toutes les Communautés, Congrégations et Associations religieuses, « sans exception, au profit des membres restants de la part de ceux « qui cessent de faire partie de la Société ou Communauté, sont assu- « jettis au droit de mutation par décès, si l'accroissement se réalise « par le décès, ou aux droits de donation, s'il a lieu de toute autre « manière, d'après la nature des biens existants au jour de l'accroisse- « ment, nonobstant toutes cessions antérieures faites entre-vifs au « profit des bénéficiaires de la réversion.

« La liquidation et le paiement de ce droit auront lieu dans la « forme, dans les délais et sous les peines établies par les lois en « vigueur *pour les successions* ou pour les transmissions d'immeubles. » (Projet de loi sur le budget général, transmis par la Chambre des Députés au Sénat, art. 6, *Journal Officiel* du 20 décembre 1880, p. 12556.)

Les différences, qui existent entre cet article 6 du projet de la Chambre des députés et l'article 4 de la loi définitive, se signalent d'elles-mêmes. Le paragraphe premier de cet article 6 établit deux droits : celui de mutation par décès pour les accroissements réalisés par le décès, celui de donation pour les accroissements réalisés de toute autre manière. Par une sorte de concordance symétrique, le paragraphe second, relatif à la perception, institue également deux modes bien distincts. Pour les accroissements par décès, il renvoie aux lois en vigueur *pour les successions ;* pour les accroissements entre-vifs, aux lois en vigueur *pour les transmissions d'immeubles.*

Le rapprochement et l'opposition de ces expressions déterminent avec précision le sens qu'il convient d'y attacher. Les mots : *pour les successions* se rapportent à la loi du 22 frimaire an VII et aux mutations par décès ; les mots : *pour les transmissions d'immeubles* se réfèrent exclusivement à la loi du 27 ventôse an IX et aux transmissions entre-vifs. Ils ne visent pas et ne peuvent pas viser les transmissions par décès, puisque ces sortes de transmissions sont déjà désignées par ces mots : *pour les successions.*

Ainsi, d'après le projet de la Chambre des députés, les accroissements par décès sont soumis au régime des successions, en ce qui concerne *la forme, les délais et les peines.* Dans le silence de ce texte sur le lieu du paiement, faut-il en conclure que ce renvoi entraînait l'obligation de la déclaration multiple au bureau de la situation de chacun des biens, objet de la réversion ? C'est ce que nous examinerons plus bas. En tout cas, les accroissements entre-vifs sont placés sous le régime des transmissions d'immeubles entre-vifs ; et ce régime, c'est incontestablement le système de la déclaration unique facultative, conformément à l'article 4 de la loi du 27 ventôse an IX et à l'article 26 de la loi du 22 frimaire an VII, au bureau *choisi* par le redevable, et par conséquent au siège de la maison mère, pour les biens situés hors de la circonscription de ce bureau.

Ce projet, transmis au Sénat, y subit des modifications profondes. Plusieurs articles furent supprimés, l'article 6 devint l'article 4, et il reçut la rédaction suivante :

« Dans toutes les sociétés ou associations civiles qui admettent
« l'adjonction de nouveaux membres, les accroissements opérés par
« suite de clauses de réversion au profit des membres restants, de la
« part de ceux qui cessent de faire partie de la société ou association,
« sont assujettis au droit de mutation à titre onéreux, d'après la nature
« des biens existants au jour de l'accroissement, nonobstant toutes
« cessions antérieures faites entre-vifs au profit d'un ou de plusieurs
« membres de la société ou association. »

« La liquidation et le paiement de ce droit auront lieu dans la
« forme, dans les délais et sous les peines établies par les lois en vigueur
« *pour les transmissions d'immeubles.* » (*Journal officiel* du 22 décembre
1880, page 12007.)

Parmi les nombreux et importants changements introduits dans cette nouvelle rédaction, deux seulement sont à noter pour la discussion qui nous occupe. Aux deux droits visés par la Chambre des Députés : celui de mutation par décès et celui de donation, le Sénat substitue : dans le paragraphe premier, le droit de mutation à titre onéreux pour tous les cas ; au double mode de perception, dans le paragraphe second, un mode unique. En conséquence, il retranche, dans le second paragraphe, ces mots : *pour les successions*, qui se référaient à la loi du 22 frimaire an VII, et ne laisse subsister que ceux-ci : *pour les transmissions d'immeubles*, qui renvoient exclusivement à la loi du 27 ventôse an IX et désignent le système de la déclaration unique.

Ainsi, pour tous les accroissements désormais, quel que soit l'événement qui y donne lieu, que ce soit le décès ou la retraite d'un associé, un seul droit : celui de mutation à titre onéreux ; un seul mode de perception : celui de la déclaration unique. Le sens de ce nouveau texte ne peut comporter aucun doute sur ces deux points.

Le projet, amendé par le Sénat, revint une seconde fois devant la Chambre des Députés. Il fut vivement combattu par M. Henri Brisson, nommé rapporteur de cette partie du budget. Ce député s'éleva surtout contre la substitution du droit à titre onéreux au droit à titre gratuit ; il demanda le rétablissement intégral de son projet primitif ; mais sa proposition fut rejetée par la Chambre.

Après ce rejet, le texte du Sénat fut mis aux voix par division. Sur le premier paragraphe relatif à la quotité du droit, M. Brisson revint de nouveau à la charge, et réclama tout au moins qu'aux mots : *à titre onéreux*, la Chambre substituât ceux-ci : *aux droits de mutation par décès, si l'accroissement se réalise par le décès*, ou *aux droits de donation s'il a lieu de toute autre manière*. Cette fois, cet amendement fut adopté.

La Chambre fut ensuite consultée sur le second paragraphe du même article, celui qui a trait à la forme de la liquidation et du paiement ; il fut voté sans discussion tel qu'il était sorti des délibérations du Sénat, c'est-à-dire avec le retranchement des mots : *pour les successions*. L'article 4, modifié de la sorte dans un seul des deux paragraphes qui le composent, fit retour pour la seconde fois au Sénat, qui accepta la nouvelle rédaction sans aucun changement. (*Journal officiel* du 28 décembre 1880, pages 12987 et 12988.)

XVIII

Cet historique jette une lumière décisive sur le véritable sens de l'article 4.

Deux projets étaient en présence, celui de la Chambre et celui du Sénat.

Le projet de la Chambre établissait, dans le paragraphe premier, deux droits : celui de mutation par décès et celui de donation, suivant la nature de l'évènement qui faisait naître l'accroissement ; dans le paragraphe second, deux formes de liquidation : l'une applicable aux accroissements par décès, exprimée par ces mots : *pour les successions;* l'autre concernant les accroissements entre-vifs, à laquelle répondait ce dernier membre de phrase : *pour les transmissions d'immeubles :* et celle-ci c'est, sans nulle discussion possible, le système de la déclaration unique, dans les termes de la loi du 27 ventôse an IX.

Le projet du Sénat au contraire instituait un seul droit pour tous les cas : celui de mutation à titre onéreux, et par suite une seule forme de perception, celle de la déclaration unique.

La loi, telle qu'elle a été votée en dernière analyse, est le résultat d'une transaction entre ces deux projets. Au projet de la Chambre des Députés elle a emprunté le paragraphe premier qui détermine la quotité du droit. Nous disons *du droit,* et non *des droits,* car la dualité de droit, qui semble résulter du paragraphe premier, n'est qu'apparente, le droit de mutation par décès et celui de donation sont le même, et en réalité il n'y en a qu'un seul.

Mais la loi a adopté, en ce qui touche le mode de perception, le projet du Sénat par le retranchement définitif des mots : *pour les successions,* qui renvoyaient à la loi du 22 frimaire an VII. Elle a ainsi consacré, pour tous les cas, une seule et même forme de liquidation; et cette forme, exprimée par les mots: *pour les transmissions d'immeubles* qui, par opposition à la formule supprimée, se référaient exclusivement à la loi du 27 ventôse an IX, est celle de la déclaration unique.

En résumé, si le député Brisson avait eu la pensée d'assujettir *une mutation essentiellement à titre onéreux par sa nature* (et celle qui s'opère en vertu de la clause de réversion n'est et ne peut être qu'à *titre onéreux* comme l'a constamment jugé la Cour de Cassation et comme l'avait pensé le Sénat lui-même), non seulement au droit abusif de la *mutation par décès*, mais encore au mode plus abusif encore de perception de ce droit, aggravé par l'art. 2 de la loi du 27 ventôse an IX, il faut bien reconnaître que M. Brisson, malgré son insistance, n'a pu ramener la Chambre à son projet que sur le premier point, et a complètement échoué sur le second.

Le texte de l'article 4 est là pour constater cet échec.

Il en résulte nécessairement que, si l'accroissement prévu par l'art. 4 de la loi du 28 décembre 1880 est rendu passible d'un droit contraire à sa nature, celui de *mutation par décès*, son mode de perception n'a pas changé, et qu'il est resté soumis à celui que sa nature comporte, c'est-à-dire au mode qui régit les transmissions d'immeubles entre-vifs.

XIX

Est-il vrai, d'ailleurs, qu'une telle exagération soit jamais entrée dans la pensée du rédacteur du projet de l'article 4 ?

Ce qu'il voulait, n'était-ce pas simplement frapper les membres des communautés au profit desquels se réalisait un accroissement par l'effet de la clause de réversion, du *droit exorbitant de succession* ou *de donation*, au lieu du droit de *mutation à titre onéreux*, que la Cour de Cassation déclarait, par une jurisprudence constante, seul légitime en cette matière (arrêts des 27 juillet 1870; S. 1870, 1, 401 ; 7 février 1872 ; S. 1872, 1, 87, et les autres arrêts cités *suprà*, page 9).

Cela, il le voulait évidemment, parce que la mesure frappait les Congrégations qu'il n'aimait pas.

Quant *au mode de perception* et aux aggravations que peut entraîner un mode de perception plutôt qu'un autre, par suite de l'application de l'article 2 de la loi de ventôse, il ne s'en est certainement pas préoccupé, parce que son attention n'avait pu se porter, alors tout au moins, sur les conséquences monstrueuses qui pourraient en résulter pour les *Congrégations seules*, conséquences qui n'ont pu se révéler aux yeux de la Régie que longtemps après la promulgation de la loi. Il voulait sans doute aggraver la *taxe de réversion*, en ce qui concerne les communautés; mais il n'avait aucune raison pour innover aussi dans le mode de perception, qui n'avait pu être, jusque-là, que celui qui régissait la transmission des immeubles à titre onéreux.

La preuve, du reste, que telle n'était pas sa pensée, ressort avec une évidente certitude du texte même de sa première rédaction.

Le paragraphe 2, en effet, avant même la modification que lui a fait subir le Sénat et que la Chambre a maintenue, ne renvoie point, d'une manière générale, pour la liquidation et le paiement du droit nouveau, aux lois en vigueur pour les successions ou pour les transmissions d'immeubles; il avait soin, au contraire, de limiter ce renvoi d'une manière précise, de le localiser, pour ainsi dire, en déclarant que « la « liquidation et le paiement de ce droit auront lieu dans la forme, dans « les délais et sous les peines établis par les lois en vigueur pour les « successions ou les transmissions d'immeubles ». Ainsi, même avant que la loi, définitivement votée, eût supprimé définitivement le renvoi à la loi des successions, le projet n'avait renvoyé à ces lois que pour *la forme, les délais* et les *peines* établis par ces lois; il n'y est pas dit un mot *du lieu* ou *des lieux de paiement*.

Or le *lieu* ou les *lieux* de paiement ne rentrent aucunement dans la *forme*, qui consiste simplement dans la *déclaration des valeurs soumises au droit*, comme le fait remarquer justement M. Dalloz dans son Répertoire (verbo Enregistrement, n° 4665).

Cette forme est absolument indépendante des bureaux où elle s'accomplit, c'est-à-dire des lieux où le paiement doit s'opérer et s'opère.

Mais si la loi ne renvoie que pour la *forme*, si elle garde le silence le plus absolu sur le lieu ou les lieux de paiement, il faut nécessairement en revenir au principe de droit commun, inscrit dans l'article 1247 du Code civil, qui porte que le paiement doit être fait au *domicile du débiteur*, à moins qu'il y soit dérogé par la convention ou par la nature de la chose due, ou par une loi spéciale.

C'est là un principe général et absolu, applicable tout aussi bien en matière de contributions qu'en toute autre, s'il n'y a été expressément fait exception. Et très certainement, si l'article 27 de la loi du 22 frimaire an VII ne s'en fût pas expliqué, le droit de mutation par décès eût été infailliblement régi pour le paiement par cette règle absolue, comme toute autre dette.

XX

On dira peut-être, il est vrai : cet article existe, il est formel ; il déroge à la règle, et par suite la mutation litigieuse, étant assimilée par l'article 4 de la loi du 28 décembre 1880 à la mutation par décès, se trouve régie par cet article même.

L'objection implique une erreur manifeste et capitale.

Sans doute la mutation dont il s'agit est assujettie à la taxe *des mutations par décès*, mais la mutation elle-même ne change pas de nature ; elle n'est pas *identifiée à la mutation par décès*. Cela ne se pouvait pas, et le législateur ne l'a pas tenté ; il ne dit rien de pareil.

Est-ce que les donations entre-vifs, qui sont taxées au taux des mutations par décès ont perdu leur nature pour cette cause, et sont régies, pour tout le reste, par la loi qui réglemente les successions ?

Mutation à titre onéreux, celle qui provient de l'accroissement reste *mutation à titre onéreux*, et si, par un abus législatif, on la frappe d'une taxe égale à celle des mutations par décès ou des donations entre-vifs, si elle devient passible des lois qui régissent la mutation par décès, ce n'est que dans la mesure exacte de l'application qui lui en est faite par la volonté exprimée du législateur, c'est-à-dire dans la fixation de la quotité du droit. Etendre l'application de cette loi de rigueur au lieu du *paiement*, ce serait dépasser les termes précis de la disposition, ce serait violer la grande règle des lois fiscales qui, la Régie se plaît à le rappeler incessamment pour justifier ses exigences, ne se prêtent à aucune interprétation. Cette extension serait d'autant plus odieuse qu'il s'agit ici d'une mesure exceptionnelle, exorbitante, qui n'est faite que pour un cas déterminé.

XXI

La Régie s'étonnera peut-être de voir invoquer ici les principes généraux du droit dans une matière toute spéciale, gouvernée par des règles exceptionnelles. Nous espérons que notre réponse va faire cesser son étonnement.

Et d'abord, quelque exceptionnelle, quelque spéciale que soit une matière, il est de principe certain et incontesté que c'est à la loi générale, aux principes du droit commun qu'il faut nécessairement recourir pour régler les points que la loi spéciale a omis, ou sur lesquels elle n'a pas cru devoir statuer, comme dans l'espèce. Autrement toute carrière serait donnée à l'arbitraire.

Qu'on se rassure, d'ailleurs ! on va voir que, loin que la loi fiscale contredise notre thèse, elle la confirme pleinement au contraire.

Le principe de cette loi est, en effet, que le droit de mutation, lorsqu'elle n'en a pas ordonné autrement, soit acquitté au bureau du domicile du redevable, à moins qu'il ne préfère l'acquitter dans un autre bureau.

Ce principe est écrit dans l'article 26 de la loi du 22 frimaire an VII, § 2, qui porte que les actes sous signatures privées peuvent être enregistrés *dans tous les bureaux indistinctement* Donc, quand il s'agit d'actes sous seings privés portant transmission de propriété ou d'usufruit, actes de beaucoup les plus nombreux, l'enregistrement, qui peut se faire à un bureau quelconque, est fait régulièrement au bureau du domicile et ne peut être exigé que là, quand même les biens transmis seraient situés dans les ressorts de divers bureaux.

C'est également à ce bureau que se fait la déclaration unique de valeur, lorsque l'acte y est sujet. (Art. 16, loi du 22 frimaire an VII.)

Et remarquez qu'il en est de même pour les actes notariés, qui contiennent *transmission de propriété subordonnée à une condition, même à celle du décès :* unité de paiement, unité de déclaration, quelque multiples que soient les transmissions opérées par l'acte. Il est certain, en effet, que la déclaration et le paiement du droit proportionnel n'étant exigibles que dans les trois mois de l'événement de la condition, le bénéficiaire peut acquitter le droit au bureau de son domicile, à moins qu'il ne lui plaise de payer à un autre bureau, en usant de la faculté qui lui est conférée par l'article 26.

Il y a mieux; les actes notariés ordinaires, eux-mêmes, sont soumis à l'empire de cette règle générale. C'est ce que porte expressément le même article 26 qui veut que les notaires fassent enregistrer leurs actes dans les bureaux de leur ressort, c'est-à-dire de leur domicile. Pourquoi? parce que ce sont eux qui sont *constitués débiteurs du droit* dont sont frappés les actes qu'ils reçoivent.

Donc ici encore, unité de déclaration, unité de paiement au domicile du redevable, qui peut toujours se libérer régulièrement de l'impôt au bureau de son domicile.

Nous retrouvons le même principe consacré partout, par exemple pour l'impôt sur le revenu, en ce qui concerne les sociétés (Loi du 29 juin 1872), et les communautés religieuses (Loi du 28 décembre 1880, art. 3, et Loi du 29 décembre 1884, art. 9), bien que, pour ces dernières, la fixation de leur revenu ait pour base, fort insolite assurément, l'évaluation de leurs biens, en quelque endroit qu'ils soient situés. Là aussi, déclaration unique, paiement unique au siège de la société ou de la communauté, constituée débitrice du droit. (Art. 2 de la loi du 29 juin 1872, combiné avec les art. 3 de la loi du 28 décembre 1880 et 9 de la loi du 29 décembre 1884).

La règle de droit commun est donc en matière d'enregistrement : paiement au domicile avec déclaration unique, en quelque lieu que soient situés les biens, à moins que la loi n'ait dérogé à cette règle par une disposition exceptionnelle, comme elle l'a fait en matière de succession, mais *dans cette matière seule.*

XXII

Or, dans l'espèce, on l'a déjà fait remarquer, d'après une jurisprudence constante reposant sur une vérité de droit manifeste, l'accroissement résultant de la clause de réversion constituait une mutation
à titre onéreux, dont l'enregistrement, que la clause fut inscrite dans
un acte sous-seings privés ou notarié, devait avoir lieu dans les trois
mois du décès et s'opérer au bureau du domicile du redevable (qui
était le siège de la Congrégation, tous les congréganistes ayant là leur
établissement principal), à moins qu'il ne choisit un autre bureau, par
exemple celui du notaire rédacteur.

Sans doute l'article 4, tel qu'il était formulé par M. Brisson, modi-
fiait gravement la situation antérieure des congréganistes redevables ;
il leur infligeait un droit beaucoup plus élevé, et il les renvoyait pour
la forme, pour les délais et *pour les peines* à la loi des successions. Mais
il n'a aucunement dérogé au droit antérieur, qui leur appartenait, de
payer au *bureau de leur domicile*, c'est-à-dire du siège de la communauté à laquelle ils appartenait. Il ne les a pas surtout astreints à la
règle exceptionnelle et exorbitante de l'article 27 de la loi du 22 frimaire an VII, aggravée par l'article 2 de la loi du 27 ventôse an IX,
qui ne règle que les *mutations réelles par décès*, et non *les mutations à
titre onéreux.*

Et si cette loi du paiement au domicile du débiteur était restée
applicable sous l'empire de l'article 4 de la loi du 28 décembre 1880, à
combien plus forte raison doit-elle l'être sous l'article 9 de la loi du
29 décembre 1884, qui constitue, non plus les congréganistes survivants, mais les *communautés elles-mêmes* directement et personnellement débitrices d'un impôt qui ne correspond à *aucune mutation réelle*
d'aucune sorte. Jamais l'article 1247 du code civil et l'article 26 de la
loi du 22 frimaire an VII n'ont trouvé une plus juste application.

Ainsi, d'une part, il est certain que la modification définitive de
l'article 4 de la loi du 28 décembre 1880, dans son paragraphe deuxième,
a éliminé expressément le renvoi *aux lois établies pour les successions,*

pour ne laisser subsister que le renvoi aux lois en vigueur, concernant *les transmissions d'immeubles*, quant à la *forme*, aux *délais* et aux *peines*, ce qui condamne de la manière la plus absolue la prétention exorbitante de la Régie. D'autre part, en admettant qu'on ait maintenu implicitement, ce qui ne saurait être, la rédaction première du projet, il est certain que le renvoi, tel qu'il était formulé, ne concernait aucunement *le lieu du paiement à faire* par le redevable, et que le silence du législateur sur ce point important ne peut être suppléé sans arbitraire, et nous ramène nécessairement au principe des articles 1247 du code civil et 26 de la loi du 22 frimaire an VII, c'est-à-dire à la déclaration unique à faire au bureau du siège de la communauté, où le droit peut être régulièrement offert et acquitté.

XXIII

Il y a mieux. Alors même que l'inapplicabilité du § 2 de l'article 27 de la loi de frimaire à la nouvelle taxe n'apparaîtrait pas aussi clairement aux yeux des juges qu'aux nôtres, par la discussion qui précède sur les *termes* et l'*histoire* de l'article 4 de la loi du 28 décembre 1880, elle ressortira manifestement et forcément de la nature même du droit tel qu'il a été créé, et du texte de l'article 9 de la loi du 29 décembre 1884, combiné avec les principes de la loi du 22 frimaire an VII elle-même.

Qu'est en effet ce prétendu accroissement que, selon la Chambre civile de la Cour de Cassation, le législateur aurait renfermé dans l'article 9, pour le frapper d'un droit fiscal exorbitant?

L'administration a pris la peine de répondre elle-même à cette question dans son instruction du 20 juin 1881, n° 2651, pour l'exécution de la loi du 28 décembre 1880, alors qu'elle examinait la question de savoir si la taxe, créée par l'article 4, pouvait s'appliquer aux Congrégations autorisées :

« Il suit de là, disait-elle dans un passage que nous avons déjà « cité, mais que son importance nous oblige à placer de nouveau sous

« les yeux du lecteur, que les associations dans lesquelles ce droit per-
« sonnel n'existe pas, ne peuvent donner *ouverture à l'accroissement*,
« puisque cet *accroissement* n'a pas d'objet. Tel est le cas notamment
« des *Congrégations religieuses reconnues*. Bien que ces Congrégations
« participent de la nature des sociétés, les membres qui les composent
« ne possèdent sur les valeurs appartenant à la Congrégation aucun
« droit personnel leur conférant, pendant l'existence de l'association,
« une action ou une part d'intérêt les appelant au partage lors de sa
« dissolution. Le membre qui cesse de faire partie de l'association, ne
« transmet donc rien à ceux qui restent. *L'accroissement ne s'opère*
« *pas.* »

Et l'administration reconnaît encore, dans son instruction du
3 juin 1885, pour l'application de l'article 9 de la loi du 29 décembre
1884, « que le droit de mutation à titre gratuit est acquis au Trésor, *par*
« *cela seul qu'un membre de l'association cesse d'en faire partie*, qu'il
« *s'agisse de son décès ou de sa sortie.* »

C'est donc le fait seul du *décès* ou de la *sortie* qui donne lieu au
droit, bien qu'il n'y ait ni *succession*, ni *donation*, ni *accroissement* d'aucune sorte. « Il en est de ce droit, ajoute la Régie, comme de l'*impôt*
« *sur le revenu*; il atteint toutes les Congrégations *sans exception*.....
« Sous ce rapport, la loi nouvelle a une portée plus étendue que la
« loi de 1880, qui laissait en dehors de son action les Congrégations
« religieuses reconnues. »

Le Tribunal de la Seine, dans le jugement que nous avons analysé
plus haut, par lequel il condamne les communautés autorisées à payer
le droit établi par l'article 9, n'hésite pas cependant à reconnaître et à
déclarer « qu'il ne saurait y avoir entre les membres d'une Congréga-
« tion autorisée et la Congrégation d'accroissement de parts susceptible
« de servir de base à un droit de mutation. » Mais il ressort, à ses yeux,
des termes généraux et absolus de l'article 9, qu'il a voulu, au regard du
fisc, assimiler la mainmorte légale des Congrégations reconnues à la
mainmorte occulte des Congrégations non reconnues, bien que le régime de la première ne comporte *aucune mutation de parts sociales*, et
quelque difficile que puisse être la conciliation juridique de la charge,
qui en résulte pour elles, avec la législation protectrice de leur patrimoine.

Il ne s'agit donc pas ici, tout le monde le reconnaît, on le voit, d'une *succession réelle*, *d'un accroissement effectif*, puisque ni la communauté, ni aucun de ses membres ne profite en rien du décès ou de la retraite d'un de ses membres. Il s'agit d'un accroissement purement *fictif*, qui ne répond à aucun *fait réel de dévolution* d'aucune sorte, d'un accroissement qui n'a d'existence que dans l'imagination du législateur et qui est absolument contraire à l'essence de la communauté ou congrégation religieuse autorisée, telle que le législateur l'a lui-même réglementée.

XXIV

Mais si cet accroissement est purement fictif, s'il n'a et ne peut avoir *aucune assiette* à la différence d'un accroissement qui résulterait d'une succession à des immeubles ou à des meubles corporels, régie par l'article 27, § 1er et § 3 de la loi du 22 frimaire an VII ; s'il n'a, disons-nous, aucune assiette, et il ne peut en avoir aucune, répétons-le, puisqu'il est impossible d'en reconnaître une à ce qui n'est qu'une pure fiction ; où donc doivent s'opérer, d'après la loi exceptionnelle elle-même, la déclaration et le paiement de la taxe qui frappe cette valeur sans assiette ?

L'article 27 de la loi du 22 frimaire an VII va nous répondre :

« Les rentes et autres biens meubles *sans assiette déterminée*, lors « du décès, seront déclarés au bureau du domicile du décédé. »

Dira-t-on que la taxe est pourtant calculée sur le patrimoine réel de la communauté, dont l'évaluation doit servir de base à la fixation du droit ?

Sans doute ! Mais cette circonstance ne saurait avoir aucune influence sur la solution de la question.

L'objection repose sur une confusion manifeste entre le *fait* qui sert de *matière*, d'*aliment* à l'impôt, et les éléments qui doivent concourir à en fixer la quotité. La matière prétendue, l'aliment du droit, c'est un accroissement supposé, purement fictif, qui n'a aucune assiette, tandis que les éléments qu'on fait entrer en ligne pour le calcul du chiffre de l'impôt consistent dans la valeur réelle des biens de la communauté.

Et quoique ces biens, dont la valeur réelle sert à calculer le chiffre de la taxe, soient situés dans le ressort de divers bureaux, la déclaration et le paiement du droit, dont la matière, l'aliment est un accroissement purement fictif, doivent, d'après la disposition formelle de l'article 27, § 4, de la loi du 22 frimaire an VII, s'opérer incontestablement au bureau du siège de la communauté, qui est aussi celui du domicile du congréganiste décédé, comme il en va en matiere de donation, d'échange, etc..., où une déclaration unique est exigée, bien que l'acte comprenne des immeubles ou des meubles corporels situés dans les ressorts de divers bureaux.

Qu'on ne dise pas qu'il s'agit ici de succession où la règle est différente !

Sans doute, répondrons-nous, il en est autrement quand il s'agit d'une succession dont dépendent des immeubles ou des meubles ou des meubles corporels, parce qu'alors, nous le répétons, il y a *mutation réelle*, et que le droit payé par le successeur est la taxe de cette mutation *réelle* qui se paie, d'après la règle fiscale, au lieu de l'assiette des biens, objet de cette taxe. Mais ici, on l'a vu, il n'y a ni mutation réelle ni succession véritable ; il n'y a aucun accroissement matériel. Par conséquent, en supposant, ce que nous contestons, que la loi des successions régisse la liquidation et le paiement du droit, il ne saurait y avoir lieu à des déclarations multiples, lesquelles supposent nécessairement des situations multiples de biens immeubles ou meubles corporels, *dévolus réellement par succession.*

Si donc la taxe est assimilée au droit de mutation par décès, quant à la quotité, comme l'accroissement sur lequel elle est basée est purement fictif et sans assiette, elle se trouve régie par l'article 27, § 4 de la loi de Frimaire, qui prescrit une déclaration unique au bureau du domicile du défunt, lequel n'est autre, dans l'espèce, que le siège de la Congrégation.

Ainsi les principes généraux, le texte même des lois spéciales qu'on nous oppose, et les règles de la loi de Frimaire nous ramènent forcément à cette déclaration unique et au paiement unique à opérer au siège de la Communauté, que les Congrégations qui nous consultent, se déclarent prêtes à faire quand il plaira à l'administration de les recevoir.

XXV

En résumé, le mode de perception, réclamé comme légalement obligatoire par l'administration de l'Enregistrement pour le paiement de l'impôt d'accroissement en cas de décès, loin d'être commandé, est formellement condamné par la loi.

Il aurait pour résultat de faire payer l'impôt sur un taux à la fois inégal et supérieur à celui fixé par le législateur, et au-delà duquel la Régie ne peut rien exiger : une telle perception serait donc manifestement illégale.

Il est contraire à la teneur littérale de l'article 4, § 2 de la loi du 28 décembre 1880. Ce texte, le seul qui gouverne la matière, se réfère exclusivement aux lois *pour les transmissions d'immeubles entre-vifs;* et par le retranchement des mots : *pour les successions,* qui étaient écrits dans le projet, le législateur a clairement exprimé la volonté de n'établir, pour tous les cas d'accroissement, qu'un seul mode de perception du droit : celui de la déclaration unique.

Le paiement doit être fait au domicile du débiteur : c'est le principe du droit commun, auquel il faut recourir en toute matière pour régler les points omis par la loi spéciale. Ici, le débiteur, c'est la Congrégation; le domicile, c'est le bureau du siège social.

Il est également de principe, en droit fiscal, que le droit de mutation doit être acquitté au bureau du domicile du redevable, s'il ne préfère l'acquitter dans un autre bureau.

Ces règles ne souffrent exception que si une disposition expresse de la loi spéciale en a ordonné autrement. Dans l'espèce, cette disposition n'existe pas.

La loi spéciale ici, c'est l'article 4 de la loi du 28 décembre 1880; elle ne vise que les transmissions d'immeubles entre-vifs.

En supposant même, ce qui n'est pas, qu'elle ait maintenu implicitement le renvoi à la loi des successions, elle ne s'y référait que pour la *forme* de la déclaration, dans laquelle n'est pas compris le *lieu du paiement*.

D'ailleurs, la mutation, qui provient de l'accroissement, est de sa nature et demeure une mutation à titre onéreux ; elle n'est soumise aux lois qui régissent la mutation par décès que dans la mesure stricte de l'application qui lui en a été faite par la loi spéciale. Or, la loi de 1880 ne l'a assimilée à la mutation par décès que relativement à la quotité du droit, à la forme, aux délais et aux peines, mais non en ce qui concerne le lieu du paiement. Il n'est pas permis, par voie d'interprétation arbitraire, d'étendre une loi d'exception à un point qu'elle n'a pas expressément réglé.

Il y a plus : l'accroissement purement fictif, qui donne ouverture au droit, ne constitue et ne peut constituer qu'une valeur sans assiette déterminée, et de telles valeurs, d'après la loi des successions elle-même, ne doivent être déclarées qu'au bureau du domicile.

Les considérations qui précèdent justifient donc pleinement l'avis par nous exprimé au début de ce mémoire.

La faculté, pour les Congrégations religieuses reconnues, d'acquitter l'impôt d'accroissement établi par les lois des 28 décembre 1880 et 29 décembre 1884, et dû par elles au moment du décès de chacun de leurs membres, au moyen d'une déclaration unique souscrite au bureau du siège social et comprenant l'universalité de leur patrimoine, constitue pour elles un droit que la loi fiscale et la loi civile consacrent également. La Régie ne saurait les en dépouiller par de simples instructions administratives, dépourvues à leur égard de toute autorité légale, et elle n'est pas fondée à refuser la déclaration régulièrement offerte dans ces conditions.

Délibéré à Paris, le 9 octobre 1890.

A. BOSVIEL,

Ancien Président de l'Ordre des Avocats
à la Cour de Cassation.
Avocat à la Cour d'appel de Paris.

A. LOUCHET,
Docteur en droit,
Avocat à la Cour d'appel de Paris.

www.ingramcontent.com/pod-product-compliance
Ingram Content Group UK Ltd.
Pitfield, Milton Keynes, MK11 3LW, UK
UKHW020946120726
13693UKWH00004B/1571